让每一个孩子都成为爱因斯坦

爱因斯坦

逻辑思维游戏精选

U0781526

张蓉 著

台海出版社

图书在版编目（CIP）数据

爱因斯坦逻辑思维游戏精选 / 张蓉著. —北京：

台海出版社，2018.7

ISBN 978-7-5168-1971-5

Ⅰ.①爱… Ⅱ.①张… Ⅲ.①智力游戏 Ⅳ.

①G898.2

中国版本图书馆CIP数据核字（2018）第128519号

爱因斯坦逻辑思维游戏精选

著　者：张　蓉	
责任编辑：刘　峰　曹文静	装帧设计：仙　境
版式设计：曹　宝	责任印制：蔡　旭

出版发行：台海出版社

地　址：北京市东城区景山东街20号　　邮政编码：100009

电　话：010-64041652（发行，邮购）

传　真：010-84045799（总编室）

网　址：www.taimeng.org.cn/thcbs/default.htm

E-mail：thcbs@126.com

经　销：全国各地新华书店

印　刷：玉田县昊达印刷有限公司

本书如有破损、缺页、装订错误，请与本社联系调换

开　本：880mm×1230mm　　　　1/32

字　数：171千字　　　　　印　张：8

版　次：2018年8月第1版　　印　次：2018年8月第1次印刷

书　号：ISBN 978-7-5168-1971-5

定　价：39.80元

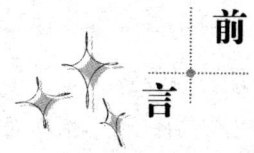

当提到二十世纪最伟大的科学家，相信所有人都会脱口而出同一个名字——爱因斯坦。那么你想不想了解，这个最伟大的科学家是怎样一点一点变成最优秀的科学家的呢？那我们当然要从小时候的阿尔伯特·爱因斯坦开始说起啦！

爱因斯坦在很小的时候是一个不太喜欢说话的孩子，在他还没有上学的时候，他便总是扑闪着一双若有所思的大眼睛看向某个地方，总是一副思考的样子。小时候的他并不很喜欢同小伙伴们一起玩，相反，他总是一个人沉静的观察着身边的事物，有时他会盯着漂浮在河面上的木块发呆，有时他会一个人瞧着搬运食物忙碌的蚂蚁，有时他还会看着母亲弹着钢琴。虽然幼小的他不能和同龄人一起快乐的玩耍，但对他来说，沉浸于对世界里各种事物的研究和观察其实是更幸福，也更加快乐的。

他就是这样一个拥有着自己的个性，孤独却执着的孩子。不爱和人交流，但他却喜欢一些需要有足够的耐心才能完成的游戏。而他的父母也总是温和地接纳幼小脆弱的爱因斯坦。有次他生了病，乖乖的在房间里休息，他的父亲便递给他一个罗盘，他被那根倔强的指针震惊了，不论他怎样扭转身子或者旋转罗盘，那根看起来脆弱的指针永远指向着北方，微微动摇之后便不再变化。这段经历带给了爱因斯坦很大的震惊和触动，当时的他虽然还不能深刻地理解这种原理，但这指针为他指明了以后自己努力的方向。那就是不断地去探究事物的本质。

我们在很小的时候，不也是同爱因斯坦一样，在面对这个世界的一切事物时，都被深深地震撼和吸引着吗？为什么云朵会带来雨水，为什么太阳从西边落下却从东边升起。光是关注着这个世界的一切，便足够令人感动。既然这样，那就让我们再一次满怀内心的感动，重新试着去观察和了解这个世界的逻辑和规律，成为不断追寻理性的人吧！

或许你心底还会有一些迟疑，可我们又该如何提升自己的逻辑思维能力呢？为了方便读者朋友们培养自己的逻辑思维，编者就编写了这本书——《爱因斯坦逻辑思维游戏精选》，通过阅读本书和练习书中的试题，便可以在趣味无穷的游戏中提升自己的逻辑思维能力，从而更好地认识和了解这个大千世界。

本书共分为十五个章节，分别从形象能力训练、类推能力训练、作图能力训练、假设能力训练、排除能力训练、递推能力训练、倒推能力训练、计算能力训练、求异能力训练、应变能力训练、迂回能力训练、发散能力训练、联想能力训练、分析能力训练、综合能力训练等方面来锻炼不同的逻辑思维能力，如观察、判断、推理、分析、类比、创新、应变等。通过这些有趣又有意义的逻辑思维小游戏，引导读者朋友们更好地去思考，从而锻炼培养逻辑性思维。

　　如果读者朋友们认真地阅读了本书，并且觉得内容确实非常有趣的话，不妨拿起书本去和朋友一起完成这些趣味十足的小游戏。相信在这种互动中，我们能够更好地了解逻辑思维并不断提升自己的逻辑思维。

　　所以，现在，就在此刻，请阅读本书吧！相信它不会让你感到失望！在一次次逻辑的小小漩涡中激流勇进，捉住那条游移在我们的生活当中狡黠的逻辑之鱼，并让我们一同分享这份胜利的喜悦吧！只要我们能坚持不断地去锻炼，我们便一定能到达逻辑链条之下的凯旋门！

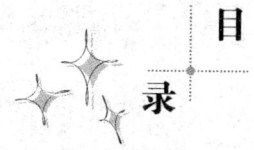

目 录

Part 1　形象能力训练思维游戏

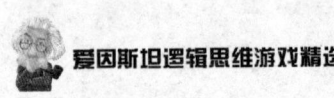
Part 2　类推能力训练思维游戏

Part 3　作图能力训练思维游戏

Part 4 假设能力训练思维游戏

爱因斯坦逻辑思维游戏精选

Part 7　倒推能力训练思维游戏

Part 8　计算能力训练思维游戏

Part 9 求异能力训练思维游戏

Part 10 应变能力训练思维游戏

Part 11　迂回能力训练思维游戏

Part 12　发散能力训练思维游戏

Part 13　联想能力训练思维游戏

Part 14　分析能力训练思维游戏

Part 15 综合能力训练思维游戏

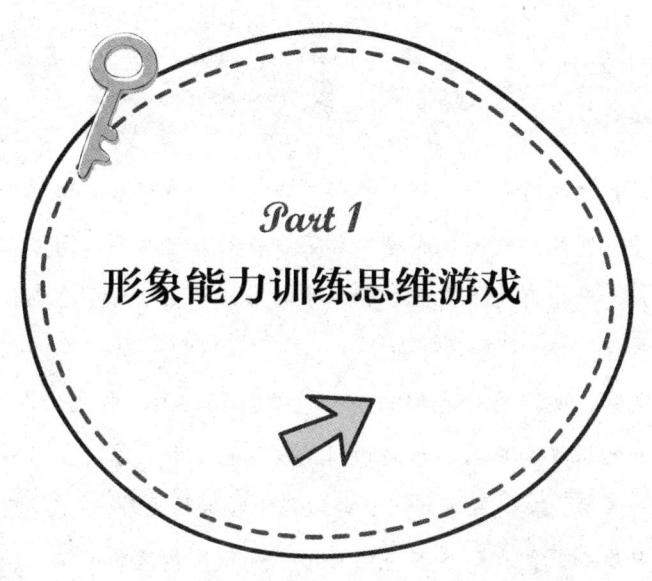

Part 1
形象能力训练思维游戏

世界上的所有事物都真的如同我们表面看起来的这样吗？我们看见的真实又究竟有多少才是真实存在的？魔术师的帽子里是否真的连接着一个有着很多兔子和鸽子的房间？这个世界总是在向我们展示着我们并不熟知的一面。

　　观察、实践将是我们的唯一武器。我们不断长成大人，上学、接触新的世界和事物。在动物园里看见老虎和大象，在田野里遇见稻谷和青蛙，我们在不断成长的过程中接触的更多，也了解了更多。也正只有如此，我们在不会困在书本和城市构筑的世界中，感受不到大象的高大聪慧，也难以理解稻谷成熟时散发的香气。

　　在本章节，你所需要的就是仔细地观察并通过实践来找出问题的答案，现在就来开始我们的冒险吧！

蜜蜂搞装修

蜂箱中的两只蜜蜂正在忙着装修新房，它们试图将蜂房上的这些数字重新排列，并且要使每两个相邻蜂房上的数字彼此不连续，且任意一个数字都不能与可以整除它的数字相邻（数字 1 除外）。那么，你知道这些数字该怎样重新排列吗？

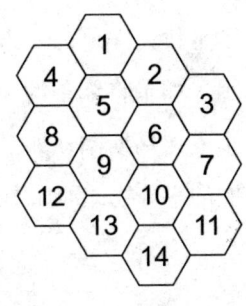

 **答案**

只要你认真尝试，你会发现这道题有多种解答，下面是其中一种。

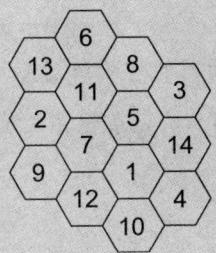

麦比乌斯圈

我们知道，一张纸条首尾相接可以形成一个纸圈，如左上图所示。如果将纸条的一端旋转 180 度，再次首尾相接，就可以得到一个麦比乌斯圈，如下图中的右上角所示。现在，如果沿着麦比乌斯圈的平分线，即如图所示黑线剪开，会得到一个什么样的结果呢？

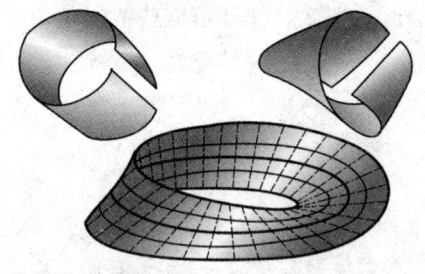

 **答案**

　　会得到一个连续两圈的螺旋状图形，图形长度是原麦比乌斯圈长度的两倍。该图形有两条边界线缠绕，但不相连。

魔幻三角

　　随处可见的火柴其实有很多妙用，它可以拼凑出形状各异的图形，启发智慧。你可以用9根火柴摆成下图的3个三角形，然后找来你的伙伴，给他出一道逻辑题。要求他仅移动其中3根火柴，将这3个三角形一秒钟变为5个三角形，看他能否做到。

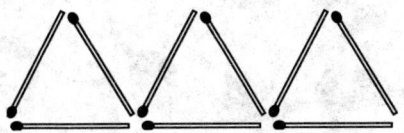

 答案

　　答案如图所示。是不是很简单呢？

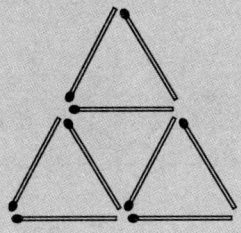

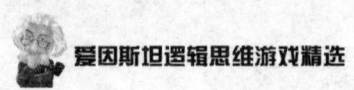

为小猫接尾巴

在 2 分钟内为这 8 只小猫配上合适的尾巴，使它们"复活"。

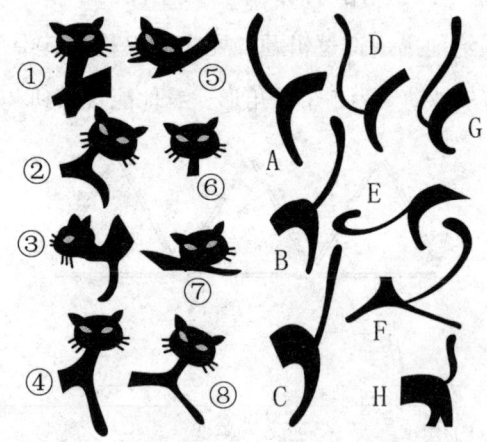

 答案

①H，②D，③C，④G，⑤B，⑥F，⑦E，⑧A。

分割场地

方框内的 10 个小黑点分别代表 10 枚西瓜子。请你动动手，画出 3 条直线，将方框分成 5 块，并且每一块中均有两枚西瓜子。你能做到吗？

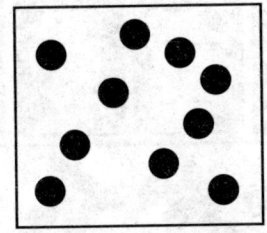

👉 **答案**

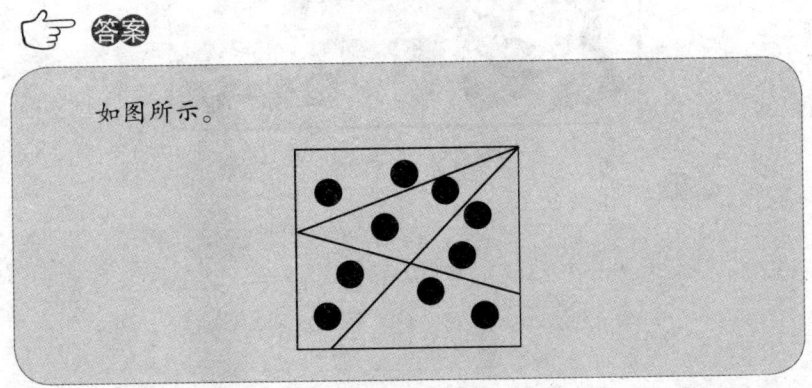

如图所示。

拼图投影

A、B、C、D分别是4个人的投影，其中每个投影都是由下面的两幅图拼成的。你来猜猜看，这4个投影分别是由下列哪两幅图拼成的？

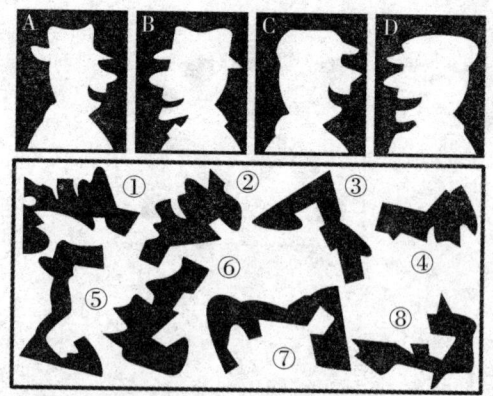

 答案

答案为A（④、⑤），B（①、⑧），
C（③、⑥），D（②、⑦）。

思维陷阱

图中桌上放着 4 张矩形硬纸板，你能将它们拼成一个完整的正方形吗？

 答案

如果按正常的思维来解这道题的话，你一定会陷入困惑。此时，你应该发挥你的想象力，最终你会发现，答案完全超出正常思维的想象。答案如图所示，4 张硬纸板的每个边组成了一个"虚拟"的正方形。

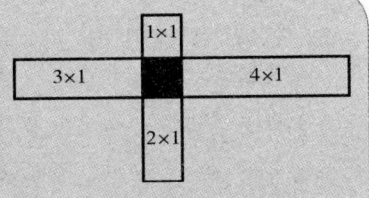

硬纸撑杯

桌子上放着两个杯子，如图所示，杯口朝上，一张较硬的纸张平铺在两个杯子上面。现在，小夏要为大家表演一件神奇的事情，那就是：在这张纸的中间再放一个酒杯，并确保纸张能够支撑起酒杯的重量。你知道她是怎么做到的吗？

 **答案**

波浪形状使纸片在水平方向产生恢复张力，该力为纸片被拉断争取了时间。答案如图所示。

溜冰的小孩

图中，与左上角溜冰小孩姿态相同的小孩共有几个？

 答案

答案为只有一个，位于最下方中间的那个。

骰子背后的秘密

下面是3个叠在一起的骰子，请问垂直隐藏的两个面（侧面和背面）上的点数之和是多少？

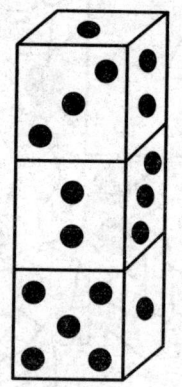

 答案

答案为26。骰子对面两侧的点数之和永远是7。由此推知，从上到下，3个骰子侧面和背面的点数依次是5、4、4、5、6、2，所以点数之和为5+4+4+5+6+2=26。

Part 2

类推能力训练思维游戏

为什么我们不会认错小鸭子和小鸡呢？当我说到小鸭子的时候，你的脑海里是不是已经出现了一只黄黄的，毛茸茸的小家伙？它有着扁扁的嘴巴和红红的蹼，一摇一摆走起路来的样子可爱极了。而小鸡则有着尖尖的小嘴巴和嫩黄色的小爪子，走在地上留下了竹叶一样的足迹。

小鸭和小鸡明明看上去极为相似，但我们却总是能够凭借它们的不同点将它们分辨开来，这其实就用到了我们的类推能力！正是由于我们将拥有相同特征的事物区分成不同的类别，才不会搞混动物的类别。这其实正是一种类推能力的体现！

让我们此刻就出发并开始我们的冒险吧！就从这一章节的游戏开始，去不断训练自己的类推思维，逐渐去探求整个世界的奇妙规律。

找规律选图（一）

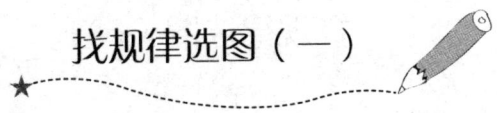

仔细观察图形，找出其中的规律，在选项中挑选合适的答案填在问号处。

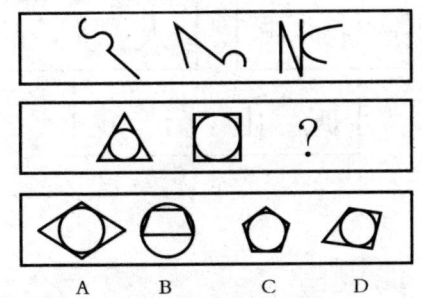

A   B   C   D

 答案

答案为 C。左图的规律是：每个图案均由一段折线和一段弧线组成，而且折线的段数依次增加。右图的规律是：圆外切一个多边形，且多边形的边数在不断增加。

找规律选图（二）

仔细观察图形，找出其中的规律，在选项中挑选合适的答案填在问号处。

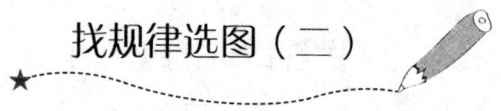

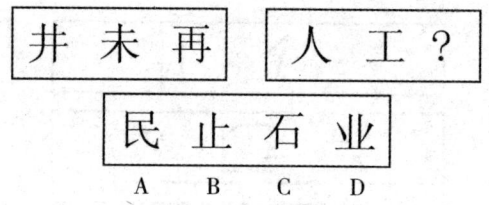

A B C D

答案

答案为B。本题看似无规律可循，实际暗藏"玄机"。左图三个字的笔画数依次增多，分别为4、5、6；右图字的笔画同样如此，第一个字为2画，第二个为3画，第三个当然是4画了。

找规律选图（三）

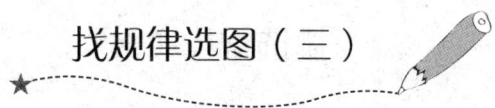

仔细观察图形，找出其中的规律，在选项中挑选合适的答案填在问号处。

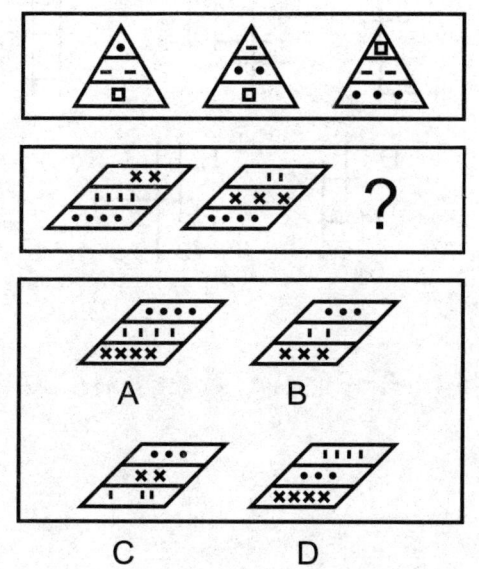

 **答案**

答案为 A。将左图图案中的符号——类比到右图即可找出答案。

挑选异类（一）

仔细观察图形，找出一幅与其他图形有所不同的图像。

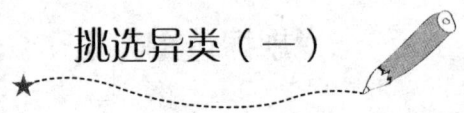

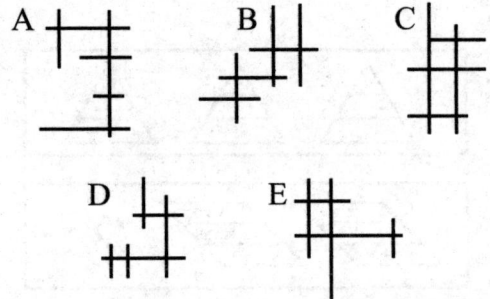

 答案

答案为B。只有在此图中，横向直线的数目和纵向直线的数目相等。

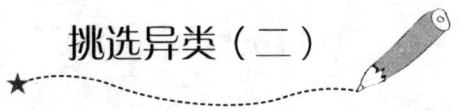

挑选异类（二）

下面 5 个图形中，有 1 个是和其他 4 个图形不同类的，请找出这个图形（同类的 4 个图形的相同点不是对称）。

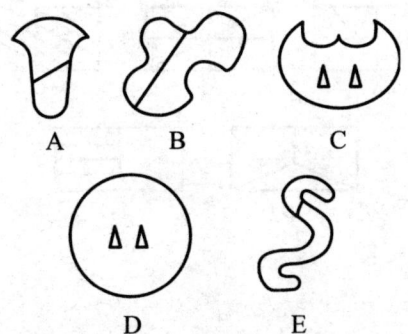

答案为 D。其他图形均包含凸面和凹面，唯独 D 只包含凸面。

挑选异类（四）

下面的 5 个图形中，有 1 个和其他 4 个图形不同类，请找出这个图形。

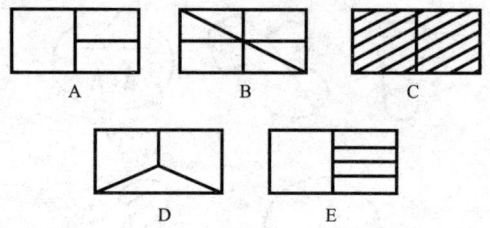

 答案

答案为 D。D 是唯一一个没有被直线平分的图形。

图形对应

如图所示，图形 A 对应图形 B，那么，与图形 C 相对应的是 D、E、F、G、H 中的哪个图形呢？

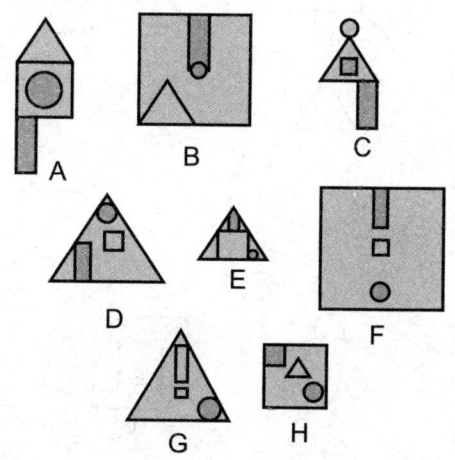

答案为 G。图形 A、B 之间的关系是：B 图是 A 图中的上、下两个图形对调，且全部移入中间较大的图形中来，而中心较小的图形则变得更小。

图形类推

A、B、C、D、E五个图形中哪一个是正确的类推结果?

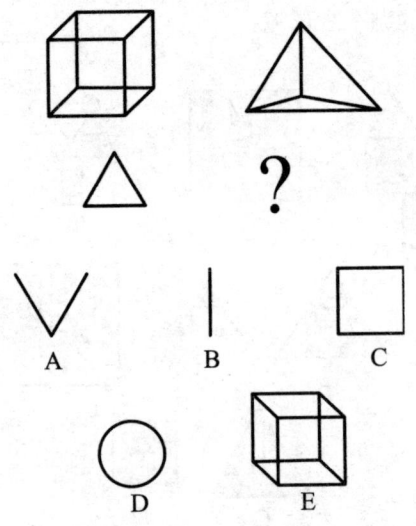

答案

　　答案为A。立方体的面数与三棱锥的面数之比为3:2。因此，下图中三角形的边数与该图形的边数之比也应为3:2。

图形组合

根据下图的前 4 个图形，判断下一个图形将是选项 A、B、C、D 中的哪个？

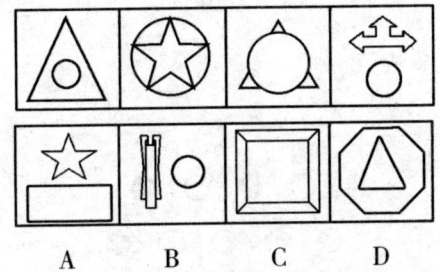

A   B   C   D

答案为 B。前四幅图中均含有圆。

黑白球金字塔

下图是一个由黑球和白球组成的金字塔，请找出其中的规律，将金字塔的上层部分补齐。

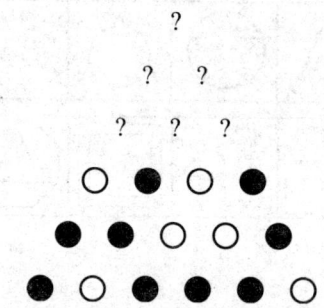

 答案

细看底层的黑球和白球，你会发现最底层的两个相邻的球若颜色不一，则两球上方的球为黑色；若颜色相同，则两球上方的球为白色。依此规律可以得到下面的图。

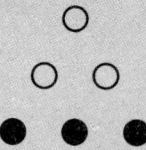

对号入座（一）

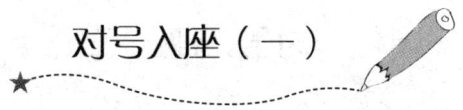

根据下图的前 4 个图形，判断第 5 个图形将是选项 A、B、C、D、E 中的哪个？

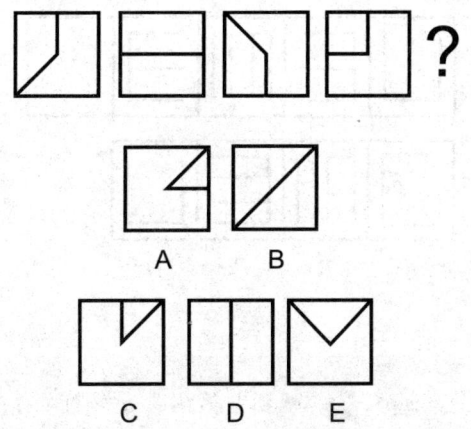

 **答案**

答案为 C。注意观察方框中两条直线的变化规律。方框中下面的一条直线按顺时针方向旋转 45 度，上面的一条直线按顺时针方向旋转 90 度，依此得到后面的图形。

对号入座（二）

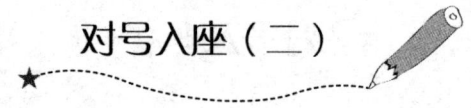

根据下图的前4个图形，判断第5个图形将是选项 A、B、C、D 中的哪个？

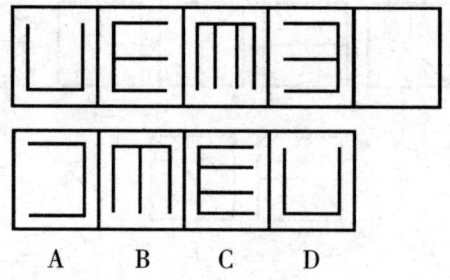

A   B   C   D

 答案

答案为 D。第一、二幅图与第四、五幅图对称。

Part 3

作图能力训练思维游戏

同学们有没有看过地图呢？不论是仅仅标注着里程和方向的地图，还是画着粗粗细细等高线的地图，都凝结作图师的心血。一张地图需要的是我们无法想象的前期准备和后期测量的工作，而这又要求作图师的严谨和认真。

相信大家都对3D电影不再陌生，那么你是否知道一张画在纸上的图，只需经过稍微地加工，也能成为一幅看起来几乎能够"跃"出纸面的3D图？仅仅依靠纸笔，优秀的画家就可以创作出几乎可以乱真的作品。

虽然在这一章中，我们并没有向你们提供这样的练习，但是这些基础的作图能力练习同样能够帮助你更好地理解图画的神奇之处。让我们从现在开始，为日后的绘画打下坚实的基础吧！

拼凑正方形

　　将下图 A、B、C、D、E 五个点围成的图形切成两部分，然后拼
成一个中间为方孔的正方形。

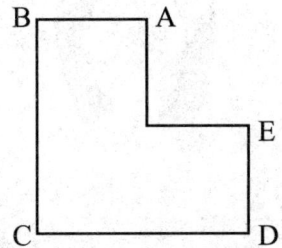

答案

　　如图所示。

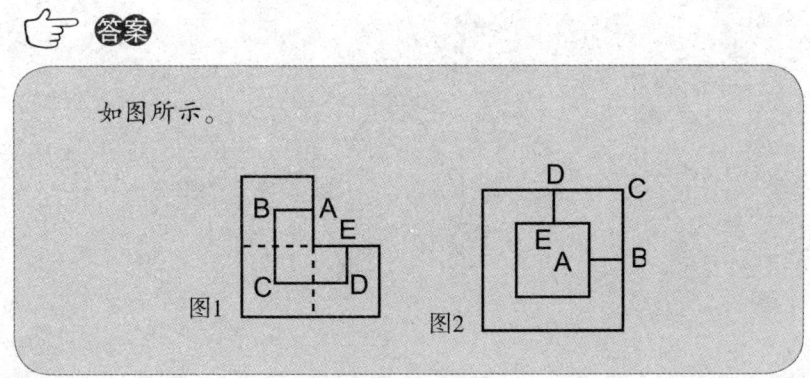

图1　　　　　　　　图2

029

分割马蹄

在下图的马蹄形上裁剪两刀，将马蹄形分成6块。你能做到吗?

☞ 答案

如图所示。

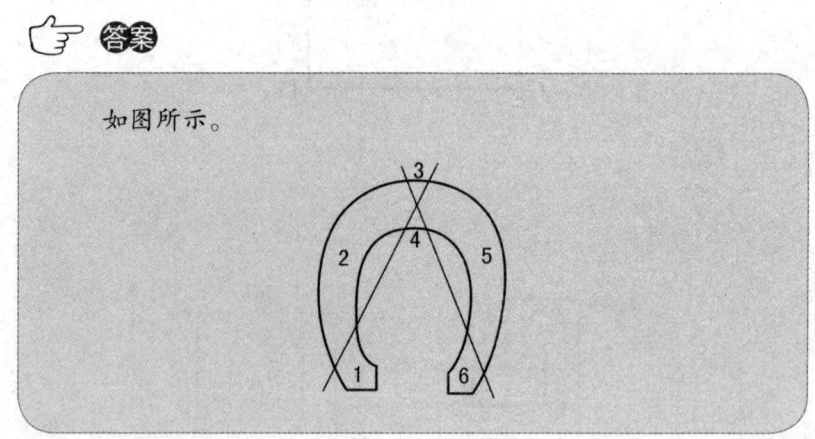

变废为宝

有一块如图所示的废铁料，它由一个正方形和一个等腰三角形构成。你能否将其合理地裁剪，在不浪费材料的情况下，将它拼成一个正方形铁板？

👉 **答案**

能，答案如图所示。

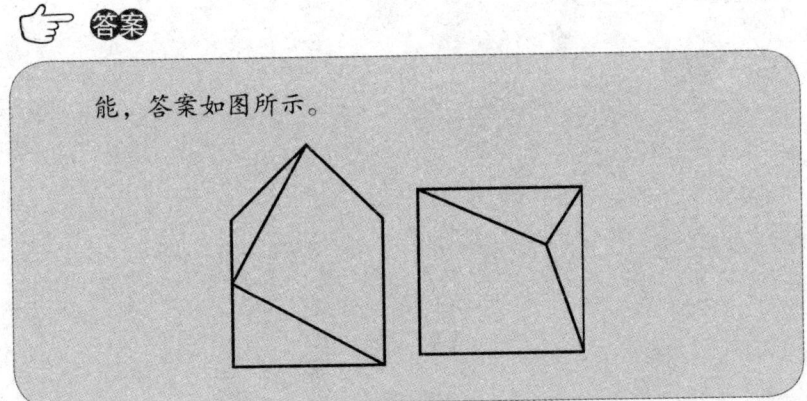

聪明的小狗

4只可爱的小狗为了得到9根骨头发生了争执，它们找来大象评理。大象裁判给4只小狗出了一道逻辑思维题。它将这9根骨头如图放置，要求小狗们在铅笔不离开纸的前提下，用4条直线将9根骨头连起来，谁先做到谁就能得到这9根骨头。

如图所示。

太阳与风车

用 12 根火柴围成太阳的形状，试着移动其中的 4 根火柴，使太阳变成一个大风车。

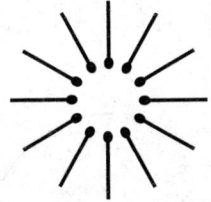

👉 **答案**

如图所示。

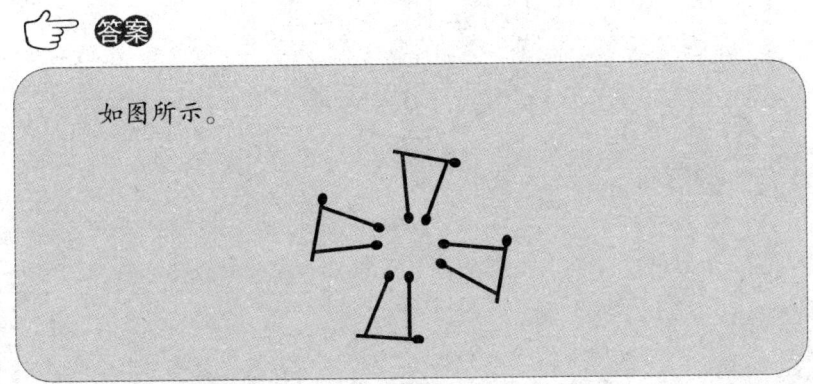

切割方形孔圆板

这是一块带有方形孔的圆形木板，方形孔的周围对称打了 4 个小圆孔和 4 个小三角孔。请你将这块圆形木板切割成大小相等、形状相同的 4 块，使每一块上均包含一个小圆孔和一个小三角孔。请问怎么切割才最符合要求？

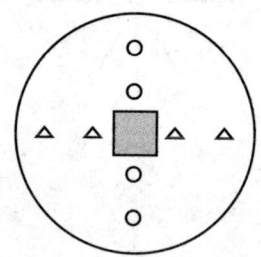

答案

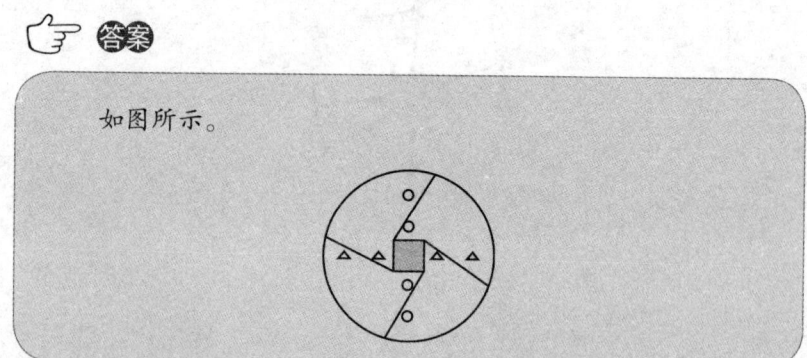

如图所示。

背道而行的小鱼

　　试着从黑色和白色三角形上各剪下一块大小相等、形状相同的三角形，将两个三角形互相交换位置后，使整个图形看上去像两条背道而行的小鱼。

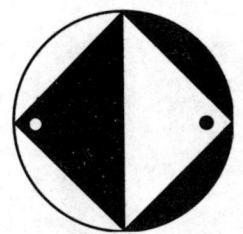

👉 **答案**

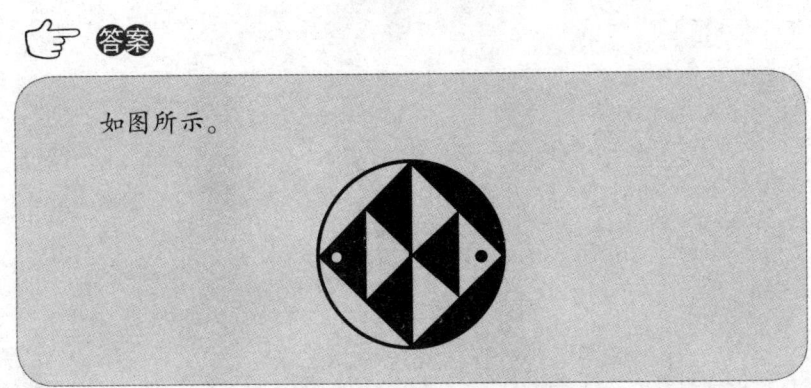

如图所示。

为每颗星定位

11 颗五角星按图示位置排列。请在图中画 5 条直线，将图案进行分割，使每颗星星都有属于自己的空间（各部分空间大小不必相同）。

☞ 答案

如图所示。

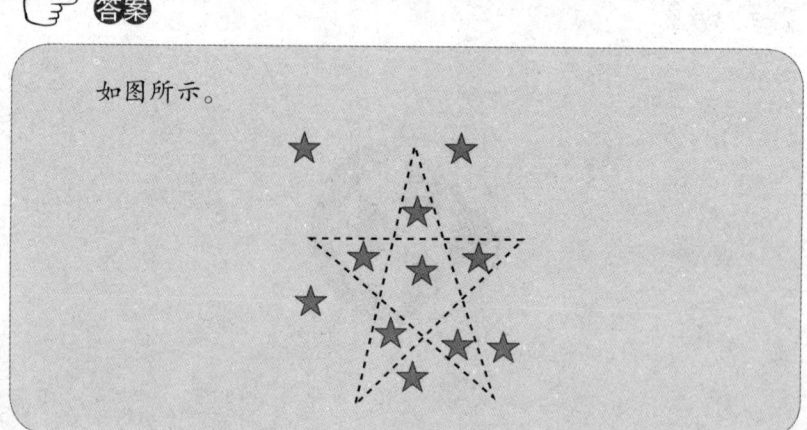

天下没有免费的午餐

天下没有免费的午餐，小老鼠艾瑞克为了吃到一顿美味的奶酪，也要历经一番周折，你能帮它找到通向奶酪的路吗？

如图所示。

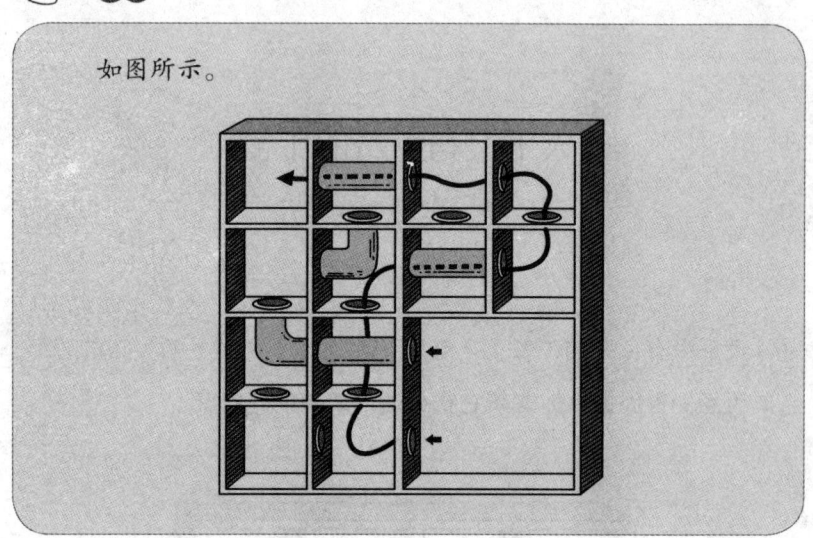

五子棋

　　小黑喜欢下五子棋。某次，他摆了如图所示的"棋局"，对小白说："你能否连续画出 6 条直线，使这些直线穿过每一个棋子？当然，有两颗棋子可以经过两次。"

小白思考了半天都没能解答出来，你来帮帮他吧。

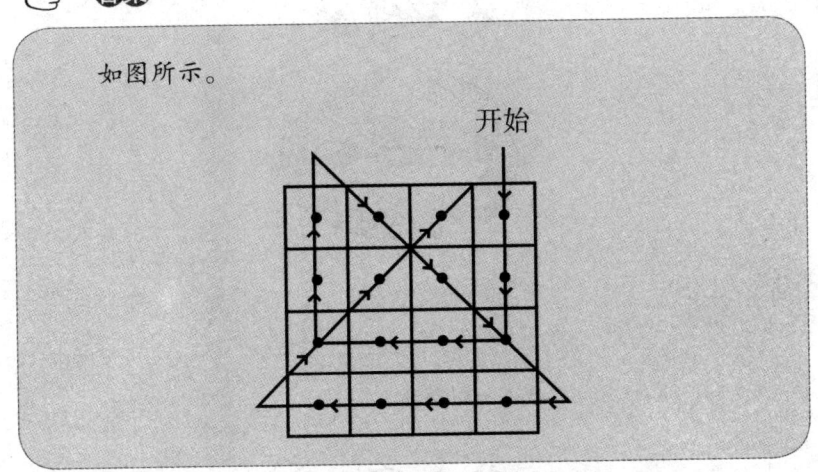

如图所示。

开始

罗慕洛先生的面包

　　罗慕洛先生是位面包师，下图中交叉缠绕状的面包是他独创的一种面包样式。那么，你猜一猜，这种面包一刀切下去最多可以分成几份呢？

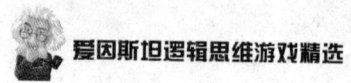

答案为 10 份，切法如图所示。

拼方形桌布

这是一块不规则的布料，喜儿想用它做一块方形的桌布。你来

帮她设计一下，看如何裁剪，能够拼成一块方形桌布？

☞ 答案

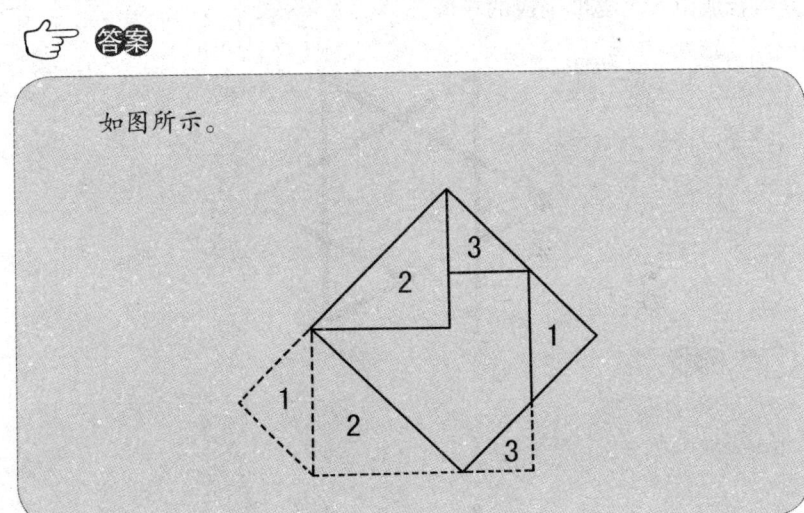

如图所示。

六角变花

用 18 根火柴围成如图所示六角星，请移动其中的 6 根火柴，将其组合成由 6 个菱形围成的花形。

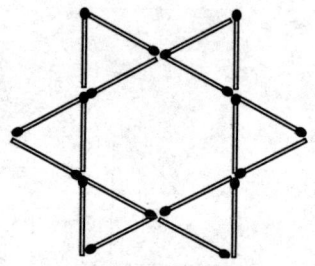

 答案

如图所示。

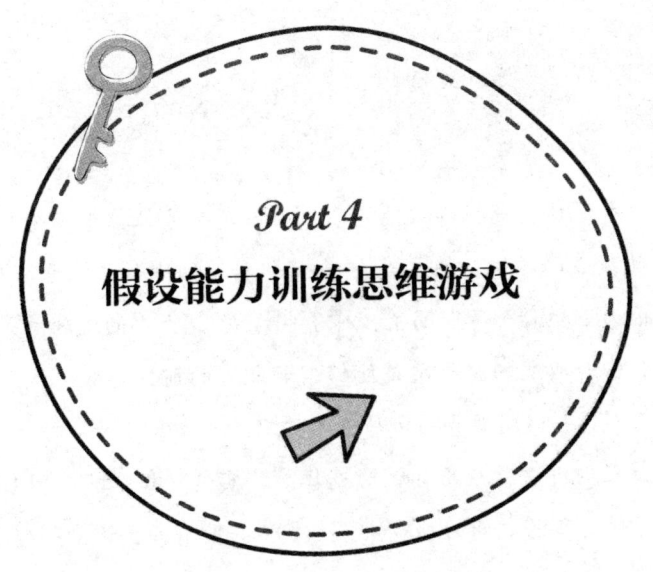

Part 4

假设能力训练思维游戏

大人说话总是很喜欢绕弯子，当母亲想要让你乖乖吃掉你不喜欢吃的蔬菜的时候，她总是会说："邻居家的小姑娘从来也不挑食，而且因为不挑食个子也高了，样子也好看。"大人的道理总是说也说不完，但是聪明的孩子总是能够理顺所有的前提，从而找到问题的本质，在第一时间就弄明白母亲究竟想说什么。

　　大人们讲这种东西称之为逻辑，其实这种规律既不困难也不复杂，更像是事物之间的加减法，当我们将所有的因素一一列在面前，矛盾的地方就会显露，我们只需要把错误的矛盾都消除掉，便能找到最后的真相。

　　那么，聪明的你是否准备好迎接接下来的挑战了呢？快来本章回答问题，大显身手吧！

到底什么涨价了

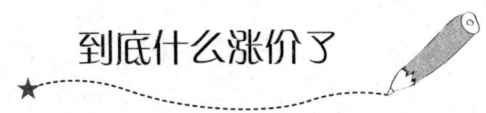

最近，北方一小城遭遇暴雪侵袭。受雪灾影响，某些生活必需品，如粮、油、蛋、奶等开始纷纷涨价。小区的三位主妇对此满腹牢骚，连声抱怨。

姜女士说："要是大米涨价的话，食用油的价格也要上涨了。"

曹女士紧接着说："食用油一涨价，鸡蛋也要涨了。"

杨女士"见缝插针"，忙说："如果鸡蛋涨价，牛奶自然也会涨的。"

三位女士的话语貌似正确，但实际上，这四种食品中只有两样东西确实涨价了。请问，你知道是哪两种吗？

 答案

假设大米涨价的话，那么，按照三位女士的说法，食用油、鸡蛋、牛奶统统会涨价，不符合事实。然后依次类推，我们看出，只有杨女士的说法成立，才能符合事实。所以，最后的答案是"鸡蛋和牛奶"涨价了。

兴趣爱好

　　教室里有两男两女在一起聊天，谈到彼此的兴趣爱好时，他们之间说了这样一番话。男生甲说："张美玲喜欢唱歌。"男生乙说："我喜欢足球，但我不是李文龙。"女生甲说："有一个男生喜欢篮球，但我知道，那肯定不是刘少飞。"女生乙说："王芸喜欢写作，但我不喜欢。"

　　根据他们的对话，你能迅速判断出他们各自的爱好吗？

 答案

　　同样以假设的办法来推断，最后可知：李文龙的爱好是篮球，刘少飞的爱好是足球，张美玲的爱好是唱歌，王芸的爱好是写作。

生死考验

　　一位探险者在野外探险时误入食人族部落，生命危在旦夕。食人族部落的人有个习惯，他们喜欢和钦佩充满智慧的人，于是，他们决定考验下这位探险者。如果他通过了考验，便可以活下来。他们找来 3 只碗和 3 张纸条。3 张纸条上只有一张写着"生"字，其余两张均写着"死"字。他们分别将这 3 张纸条压在碗下，并在每只碗上留下一句提示。第一只碗上写着"若选此碗，必死无疑"。第二只碗上写着"选择第一只碗，可以活命"。第三只碗上写着"选择此碗，亦将死去"。

　　做完这一切后，他们告诉探险者："这三句提示中，只有一句是真的。"聪明的探险者只思考了一会儿，就选出了那只压着"生"字的碗。你知道他选的是哪只碗吗？

 答案

　　　探险者是用假设法猜出来的。假设第一只碗压着的是"生"

字，那么，第二、三句话则是正确的，所以不在第一只碗中。假设第二只碗压着"生"字，那么，第一、三句话正确，故亦不在此碗。因此，第三只碗压着的纸上写的是"生"字。

称体重

现在大部分人都非常关注自己的体重，并小心翼翼地控制它。职员小雷、小雨、小云和小雪每次在公司吃完午餐后，都会刻意地站在办公室的"体重称量器"上称重，然后彼此调侃一番。于是，某次，他们有了如下对话。

小雷："小雨比小雪轻。"

小雨："小雷比小云重。"

小云："我比小雪重。"

小雪："小云比小雨重。"

奇怪的是，在这些对话中，只有体重最轻的人说的话是真的，其他人说的话全是假的。那么，他们四个人的体重顺序该是怎样的?

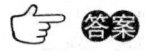 **答案**

> 若是小雪最轻，那么，小云比小雨重。而由小云所说"我
> 比小雪重"为假，可推出：小雪比小云重。所以，假设不成立。
> 以此类推，小云和小雨也不是最轻的。若是小雷的体重最轻，
> 那么，小雨比小雪轻，所以小雪所说为假。由此推出，小雨比
> 小云重。那么，小雪一定比小云重。于是，以小云所说为假推
> 出，小云没有小雪重。这样，假设成立。所以，他们的体重从
> 轻到重依次是：小雷、小云、小雨、小雪。

海的颜色

范杏春早就想去看大海了，趁着放暑假，她迫不及待地打理行
装，向梦想的地方出发。终于在一个充满诗意的黄昏，她看到了与
想象中不一样的真实的大海。回来后，那些没去过大海的伙伴们都
欣羡不已，忍不住向她询问海的颜色。她却故意卖关子，满脸神秘
地说："你们猜猜看吧，它是深蓝、棕红和碧绿三种颜色中的哪一种。"

婉婷说："应该不是深蓝色吧。"

彤彤说："不是棕红就是碧绿色的吧。"

晶晶说："那一定是棕红色的。"

"好啦，你们至少有一个人猜对了，至少有一个人猜错了。"范杏春依旧没有明说。

那么现在，你知道范杏春看到的大海到底是什么颜色的吗？

 答案

> 海是碧绿色的。假设大海是深蓝色的，那么，她们三个人都猜错了，这就与范杏春的最后一句话相矛盾。假设大海是棕红色的，那么，她们三个人的话没有一个是错误的，这也与范杏春所言不符。假设大海是碧绿色的，那么，婉婷和彤彤都猜对了，而晶晶则猜错了，与范杏春所言相符。所以，大海是碧绿色的。

扑克牌的花色

杨老师喜欢玩扑克牌，更喜欢用扑克牌为同学们表演游戏。有一次，他拿着 13 张扑克牌对同学们说："这 13 张牌包含红桃、黑桃、

梅花和方块 4 种花色，每一种花色的牌的张数不同。其中，黑桃和方块的张数总和为 5 张，红桃和黑桃的张数总和为 6 张，某一种花色的牌为 2 张。"

"那么，同学们，你们能告诉我这种数量为 2 的扑克牌是什么花色吗？"

假如你是杨老师的学生，你能解答吗？

 **答案**

> 假设这种花色为 2 张的扑克牌为黑桃，那么红桃的数量为 4 张，方块的数量为 3 张。根据 4 种花色扑克牌总数为 13，得出梅花的数量也为 4 张。显然，这与题意不符。
>
> 假设该花色为红桃，那么，黑桃为 4 张，方块为 1 张。根据总和为 13，得出梅花为 6 张。这恰与题中"每一种花色的牌张数不同"相一致。所以，这两张扑克牌的花色为红桃。

巧辨职业

蒂娜、安哥拉、辛德瑞拉三个人大学毕业后，分别选择了不同

的职业，他们三人中，有一人继续攻读硕士；一人供职于一家企业，成为一名白领；另一人嫁人做了家庭主妇。现在已知，辛德瑞拉的年龄比家庭主妇大，白领的年龄比安哥拉小，蒂娜的年龄和白领的年龄不一样。现在请你把三个人和他们的职业选择对应起来。

假设安哥拉是白领，那么，明显与题意不符。

假设蒂娜是白领，那么，由"蒂娜的年龄和白领年龄不一样"知道，蒂娜不可能是白领。

所以，辛德瑞拉是白领。因为辛德瑞拉的年龄比安哥拉小，所以年龄小于辛德瑞拉的家庭主妇一定是蒂娜。那么，安哥拉一定是在读硕士了。

分辨矿石

地质课上，老师让同学们仔细辨认一块矿石的材质，并让三位同学作答。

吴萧晨说："这既不是镍也不是铁。"

林思宇说："这应该是铜而不是铁。"

应采撷说："这不是镍，而是铁。"

老师总结了三人的回答后说："你们三人有一人全部答对了，有一人全部答错了，另外一人半对半错。"

根据老师的评语，你知道该矿石是什么材质吗?

 **答案**

> 假设吴萧晨全部答对了，那么，林思宇和应采撷均是半对半错，与题意不符。
>
> 假设林思宇全部答对了，那么，吴萧晨和应采撷亦均是半对半错，与题意不符。
>
> 所以，应采撷全部答对了，林思宇全部答错，吴萧晨半对半错。该矿石为铁矿石。

火腿与猪排

小安、小福和小明三人去餐馆吃饭，他们要的不是火腿，就是猪排。已知有以下假设。

①如果小安要的是火腿，那么小福要的就是猪排。

②小安或小明要的是火腿，但是不会两人都要火腿。

③小福和小明不会两人都要猪排。

那么，谁要的是火腿，谁要的是猪排？

 **答案**

根据①和②，如果小安要的是火腿，那么小福要的就是猪排，小明要的也是猪排，这种情况与③矛盾，因此，小安要的只能是猪排。于是，根据②，小明要的只能是火腿，小福要的猪排。

纠结的爱

黛薇是一位气质优雅、端庄贤惠的女教师，经常有爱慕者向她表达爱意。有一天，她同时收到了两位男老师的情书。看到情书上热辣辣的告白，她不好意思直接拒绝，就对两位男老师说："我是教数学的，我希望两位能用数字表达对我的爱。"

第一位男老师陆成开口了："黛薇，我对你的爱是赵磊的 100 倍。"

第二位男老师赵磊紧接着说："黛薇，我才是最爱你的，我对你的爱是陆成的 10000 倍。"

黛薇听完后，叹口气说道："唉，你们口口声声说爱我，实际上对我没有一点爱意。"

黛薇为何这样说呢？

答案

假设陆成对黛薇的爱是 A，赵磊对黛薇的爱是 B，由题意知：A＝100B，B＝10000A。如果两式成立，那么，A 和 B 都必须为 0。所以，黛薇认为陆成和赵磊对她的爱都为 0。

希腊的传说

传说，古希腊有一位绝世美女。有一次，她去河边洗澡，洗完澡后，却发现自己放在河岸边的衣服不见了。那么，这件衣服一定是被人偷走了。于是，围绕这件事，受害者、救助者、旁观者和目击者展开了一系列讨论。

海伦说："莉莉不是旁观者。"

珊娜说："莉莉不是目击者。"

莉莉说："珊娜不是目击者。"

凯特说："海伦不是救助者。"

已知，这些人的说法中只要涉及受害者的都是谎话，涉及其他人的都是真话。那么，据此，你能判断出谁是真正的受害者吗？

 **答案**

　　假设海伦为受害者，那么凯特说的话是真的，而按已知条件所说，涉及受害者的话为谎话。两者矛盾，故海伦不是受害者。

　　假设珊娜为受害者，那么莉莉所说"珊娜不是目击者"同样为真话。这与已知条件相矛盾，故珊娜也不是受害者。

　　假设莉莉为受害者，则海伦和珊娜所言也为真，与已知不符，故莉莉也不是受害者。所以，最终确定，受害者只能是凯特。

星外来客

　　2222年，在南极洲的某块陆地上，出现了一艘神秘的激光飞船。飞船打开的那一刻，从船舱里走出5名天外来客。这5名天外来客中，2 位来自土星，3 位来自火星。

他们操着不很纯正的火星语介绍自己的伙伴。

唐哲说："戈登和哈利中只有一位来自土星。"

戈登说："哈利和霍尔中有一位来自火星。"

哈利则说："霍尔和汉特中有一位是火星人，霍尔和唐哲来自不同星球。"

霍尔说："戈登和汉特至少有一位来自土星。"

汉特则说："唐哲和戈登之中有一位是土星人。"

那么，从他们凌乱的介绍中，你能猜出他们各自来自哪个星球吗？

 答案

用假设法推理，假设哈利来自土星，则依据戈登所说，霍尔来自火星。再依据哈利所说，唐哲也来自土星，那么，这就与霍尔所言相矛盾，因为如果戈登和汉特中至少有一位来自土星的话，土星上的人就会超过两位，这与题目所说"两位来自土星"相矛盾。所以，戈登应来自土星，依此类推，最后得出：戈登和霍尔来自土星，唐哲、哈利和汉特则是火星人。

作家和艺术家

李逸白、杜少卿、张继舟、万重山和庄梦蝶五个人是好朋友。其中，两个人是作家，三个人是艺术家。作家只说真话；艺术家时而说真话，时而说假话。

某日，五位好友团聚一堂，舞文弄墨，嬉笑怒骂，对饮狂欢，不亦乐乎。席间，诸位分别给对方做出评价，描述如下。

李逸白："杜少卿绝对不说假话。"

杜少卿："张继舟说假话。"

张继舟："万重山说假话。"

万重山："庄梦蝶说假话。"

庄梦蝶："杜少卿说假话。"

李逸白："庄梦蝶从来不说假话。"

庄梦蝶："张继舟也说假话。"

那么，从他们给对方的评价中，你能猜出，谁是作家，谁是艺术家吗？

 **答案**

①假设李逸白是作家，他所说句句是真话。那么，由其所言，杜少卿和庄梦蝶也都是说真话的。这样，作家便有3位，与题意不符。因此，假设不成立，李逸白并非作家。

②再假设庄梦蝶是作家，由其所言，杜少卿和张继舟二人说谎话，一定不是作家。由①知李逸白也不是作家，得出3位艺术家人选。那么，万重山就是作家。然而，万重山说，庄梦蝶说谎。这与假设相矛盾，故庄梦蝶不是作家。

③再假设张继舟是作家。按其所言，万重山便是艺术家。由①和②可知，李逸白和庄梦蝶也是艺术家。这样，余下的杜少卿应该是作家。但是，杜少卿说，张继舟说谎。这说明，张继舟不是作家。所以，假设亦不成立。因此，张继舟也是艺术家。

综上所述，李逸白、庄梦蝶和张继舟为艺术家，那么杜少卿和万重山则为作家。

鸡兔同笼

有一个笼子里装满了鸡和兔。现在已知，鸡头和兔头共36个，

鸡脚和兔脚共 96 只，那么，鸡和兔各多少只？

答案

假设笼子里装的全是鸡，鸡头数量为 36 个，鸡脚应为 72 只，这样与已知条件鸡脚共 96 只相比减少了 24 只，减少的原因是：如果把一只兔当成一只鸡时，要减少 2 只脚。所以，兔子的个数应是总共减少的脚的数量除以 2，即 24/2=12 只。因此，兔子为 12 只，那么，鸡为 36-12=24 只。

辨别雄雌

大白兔一家十口住在一个隐秘的山庄里。这一群大白兔说话很有特点，雌兔说真话，雄兔说假话。某次，小乌龟到大白兔家做客，同它们攀谈起来。小乌龟问道："你们家到底有几只雄兔？"第一只兔子说："1 只。"第二只兔子说："两只。"……第 10 只兔子说："10 只。"你来猜猜看，大白兔家到底有多少只雄兔呢？

 **答案**

　　答案为9只。假设第一只说话的是雄兔，那么，它的回答就是假的，所以兔群中不止一只雄兔。

　　假设第一只说话的是雌兔，那么，它的回答为真，所以有9只雌兔。那么9只雌兔说话均应为真，这样，兔子间的回答显然产生冲突。因此，第一只兔子是雄兔。依此类推，可得答案。

Part 5
排除能力训练思维游戏

不知道你有没有玩过迷宫游戏呢？在走进迷宫之后，我们总是会迷失方向，并一次又一次地撞上死胡同。但当我们走过所有的路径之后，正是因为我们排除了所有的错误选项，我们才能够在最后的那次成功的走出迷宫。

　　正如江户川柯南曾经说过的那样，真相永远只能有一个。当我们不断剥开缠绕在事物外部虚假的假象之后，唯一剩下的那个一定就是最后的真相和真理。解决问题就从此刻开始吧！让我们在这一章里不断剥去这些虚假的信息，从而找出事情的真相！

兄弟四人的分工

兄弟四个去野餐，一个负责挑水，一个负责烧水，一个负责洗菜，一个负责做饭。现在知道：老大既不挑水也不做饭；老二既不洗菜也不挑水；老三既不挑水也不做饭；如果老大不洗菜，老四就不愿意挑水。

你知道这兄弟四个是如何分工的吗？

答案

答案为老大洗菜，老二做饭，老三烧水，老四挑水。

羊妈妈分食物

羊妈妈从超市里买了许多食物，包括青草、面包、蛋糕、胡萝

卜等，准备分给喜羊羊、懒羊羊和美羊羊。不过，喜羊羊、懒羊羊和美羊羊喜欢吃的东西各不相同，请根据它们各自的发言，判断它们分别喜欢吃什么食物。需要提醒的是，它们各自的发言中，一句为假，一句为真。

喜羊羊：懒羊羊最爱吃的不是胡萝卜。美羊羊最爱吃的不是面包。

懒羊羊：喜羊羊最爱吃的不是面包。美羊羊最爱吃的不是蛋糕。

美羊羊：喜羊羊最爱吃的不是青草。懒羊羊最爱吃的不是蛋糕。

 答案

若是喜羊羊所言"懒羊羊最爱吃的不是胡萝卜"是真话，"美羊羊最爱吃的不是面包"为假话，那么，美羊羊最爱吃的就是面包。而懒羊羊所言"美羊羊最爱吃的不是蛋糕"就是真话，而"喜羊羊最爱吃的不是面包"就是假话。那么，喜羊羊爱吃的就是面包。既然，美羊羊和喜羊羊都爱吃面包，一定是矛盾的。所以，"懒羊羊最爱吃的不是胡萝卜"为假话，"美羊羊最爱吃的不是面包"为真话。即懒羊羊爱吃胡萝卜。

最后可以得出：喜羊羊爱吃青草，懒羊羊爱吃胡萝卜，美羊羊爱吃蛋糕。

幸运的孩子

老虎、狮子、猎豹是动物园里三种凶猛的动物。有一次，分别来自东城、西城和南城的东东、傻蛋和二毛三个小孩不小心"误入虎口"。幸运的是，他们被动物园的饲养员一一救出。现在已知，救出的孩子分别是东东、西城的孩子和从猎豹口中救出的孩子。而且，傻蛋不是东城的孩子，二毛不是南城的孩子；从老虎口中救出的不是东城的孩子；从狮子口中救出的不是傻蛋；从老虎口中救出的不是二毛。

那么，综上所述，这三个孩子分别来自哪里？他们又分别是从哪种野兽口中被救出来的？

 答案

针对其中一个孩子，先做分析，比如东东，我们可以根据题意组成如下组合：

傻蛋：西城的孩子，老虎；

傻蛋：南城的孩子，老虎；

傻蛋：南城的孩子，猎豹；

同样，根据条件，我们还可以对东东和二毛进行组合，最

后，经过综合分析后的结果是：傻蛋是西城的孩子，是从老虎口中救出的；东东是南城的孩子，是从狮子口中救出的；二毛是东城的孩子，是从猎豹口中救出的。

过山车

一群大人和小孩去玩过山车游戏。其中大人有5人，两男三女，分别是汤姆、杰克逊和莱娜、黛拉、妮维雅；小孩有4人，分别是杰西卡、法拉、温妮和贝蒂。在乘车时，他们每3个人一组，共分3组。但是，在分组时要遵循两个要求：A.性别相同的大人不能分在一组；B.杰西卡不能和莱娜一组。

那么，下列哪个判断是完全正确的？

a. 有一位妇女和两个孩子同组。

b. 有一位成年男士和杰西卡一组。

c. 莱娜和一个成年男士同组。

d. 妮维雅那组只有一个孩子。

e. 有一组没有孩子。

 **答案**

根据条件 A，性别相同的大人不能分在一组，那么，每一组必有一位女士。两位成年男士分别分在两个组里，剩下的孩子在做分配时，必有两个孩子被分在一组里，并且，这两个孩子是和一位女士分在一组。所以 b、c、d 不能确定是否正确，可排除；e 则完全不正确，可排除。所以，最终答案是 a。

猜年龄

周末，四个人在一起看情景喜剧《爱情公寓》。这部情景剧拍得笑料百出，大家笑得前仰后合，不禁对里面的女主角的年龄产生了好奇。四个人争执一番，但最终只有一人猜对了。

周："她一定不超过 20 岁。"

刘："她的年龄在 23 岁以下。"

孙："她应该在 26 岁以上。"

曹："她不会超过 26 岁。"

最终答案是哪项？

A. 周说得对。

B. 女主角的年龄在 26 岁以上。

C. 女主角的年龄在 23~26 岁之间。

D. 曹说得对。

 答案

此题采用排除法解答。根据题意"只有一人猜对"可知，如果周的猜测是正确的，那么，刘和曹的猜测也是正确的，可排除 A。同理，刘的猜测也不对，如果曹的猜测是正确的，那么，刘的猜测也可能正确，故可排除 C、D。最终答案为 B。

订杂志

甲班的杂志订阅量多于乙班，所以，甲班的人比乙班的人了解的信息要多。

以下的说法中，除了哪种说法不能削弱此论断?

A. 甲班的人数比乙班多。

B. 乙班的人经常在甲班翻阅杂志。

C. 甲班的人均看杂志时间比乙班的人均看杂志时间少。

D. 甲班订阅的杂志内容仅限于英语周刊。

E. 甲班的杂志平均售价低于乙班。

 **答案**

答案为选 E。首先可排除 A，因为甲班的人数多，则人均分到的杂志将少于乙班，所以，该说法可削弱"甲班的人比乙班的人了解信息多"的论断。同理，B、C、D 也可排除。最后，只剩下 E。

学有所成

一次高中同学聚会上，唐煜、蒋欣、刘彰三人受到了大家的热烈称赞，因为他们学有所成，分别成了企业家、市长和高级经济师。现在已知：

①他们分别毕业于土木工程系、中文系和数学系；

②市长称赞数学系毕业生毅力坚强；

③中文系毕业生请企业家发表了个人的成功感言；

④市长和中文系毕业生在同一个城市工作；

⑤蒋欣向土木工程系毕业生请教过管理问题；

⑥毕业后，中文系毕业生和蒋欣都没有和刘彰再联系过。

根据以上条件，下列说法正确的是哪条？

A. 刘彰是市长，唐煜毕业于中文系。

B. 蒋欣毕业于土木工程系。

C. 唐煜毕业于土木工程系。

D. 数学系毕业生是市长。

 答案

答案为 A。根据条件⑤，蒋欣向土木工程系毕业生请教管理问题，可排除 B。根据条件⑥，可知唐煜为中文系毕业生，排除 C 项。根据条件②，可排除 D。

 语言与国籍

甲、乙、丙、丁四位游客分别来自德、日、英、法四个国家。这四个人除了会说本国语言外，还会说其他三国语言的一种。现已

知如下情况。

①有一种语言三个人都会，但没有一种语言是四个人都会的。

②乙虽然对英语一窍不通，但甲和丙谈话时，乙却能为他俩当翻译。

③甲是日本人；丁既不是日本人，也不会说日语，但他能与甲顺畅交流。

④乙、丙、丁三人无法沟通。

⑤四个人中，没有人同时会法语和日语。

那么，甲、乙、丙、丁四人的国籍和所会语种分别是什么？

A. 甲，日语和德语；乙，法语和德语；丙，德语和英语；丁，英语和法语。

B. 甲，日语和法语；乙，英语和德语；丙，法语和德语；丁，德语和日语。

C. 甲，法语和日语；乙，英语和德语；丙，德语和英语；丁，日语和英语。

D. 甲，日语和德语；乙，法语和德语；丙，英语和法语；丁，德语和英语。

 答案

根据条件⑤，四个人中没有人同时会说法语和日语，可排除B、C。剩下的A、D都锁定了甲会日语和德语。由与之相关的条件③，可知，甲与丁只可能是通过德语进行交流的，所以可排除A。那么，D就是正确答案。

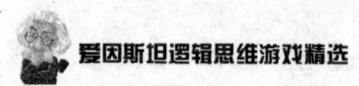

全能冠军

2012年夏天，伦敦奥运会上，杰森、约翰、库勒均参加了三个项目的比赛，即游泳、射击和马拉松，并分别夺得冠军。现在已知：杰森没去参加马拉松比赛；库勒没有参加游泳比赛；在游泳比赛中获得冠军的那个人，没有参加射击比赛；马拉松冠军不属于库勒。

从上述已知条件中，你能否判断出游泳冠军是谁吗？

 **答案**

> 因库勒没有参加游泳比赛，故可以排除库勒。库勒既没有参加游泳比赛，马拉松冠军也不属于他，那么，库勒参加的只能是射击比赛。杰森既然没去参加马拉松，那么，他参加的一定是游泳比赛。所以，游泳冠军就是杰森。

乐器与歌手

在某演唱活动中，参加表演的众多全能型歌手在一起合影。这些歌手中，会弹吉他的和会拉小提琴的歌手人数相同；只有 4 人不会弹钢琴；会弹钢琴并且会弹吉他的，但不会拉小提琴的有 5 人；只会弹钢琴的歌手人数是只会弹吉他的人数的两倍；不会拉小提琴的歌手人数为 8 人；不会弹吉他的歌手人数为 7 人；三种乐器都会玩的歌手人数比只会弹钢琴的多 1 人，那么：

①三样都会玩的人有几个？

②只会拉小提琴的人数有多少？

③一共有多少歌手？

④拉小提琴的有多少人？

 **答案**

此题可画图解答。三种乐器都会玩的人有 3 人，只会拉小提琴的人数有 1 人，一共有 18 位歌手，拉小提琴的人数为 10 人。

口味

温成丹、夏沐秋、言恭达、宋康昊四个人在一起聚餐。他们四个人的口味为甜、咸、辣三种。其中，宋康昊独爱吃辣的食物，言恭达不爱吃甜的食物，温成丹和其中一人的口味相同，夏沐秋和温成丹的口味不相同。

那么，通过以上条件，你知道温成丹喜爱的口味是什么吗？

 答案

根据题意可知，文中"四个人"对应"三种口味"。根据"宋康昊独爱吃辣的食物"这个独立条件，可将推论简化为温成丹、夏沐秋、言恭达"三个人"对应"两种口味"。由"言恭达不爱吃甜的食物"可知，言恭达爱吃咸的食物。因"夏沐秋和温成丹的口味不同"，则知：温成丹和言恭达口味相同。所以，温成丹喜爱的口味是咸。

理想对象

　　海伦心目中的理想对象要具备如下条件：身材魁梧、相貌出众，才华横溢。她曾与甲、乙、丙、丁四位男士相亲，但只有一位男士能满足她的要求，你知道是哪位男士吗？这四位男士的情况如下。

　　①四位男士中，有三个人身材魁梧，一人相貌出众，两人才华横溢。

　　②每位男士都至少符合一个条件。

　　③甲和乙要么都才华横溢，要么都不是。

　　④乙和丙身高相同。

　　⑤丙和丁并非都身材魁梧。

 **答案**

　　根据①有三位男士身材魁梧，则另一位不是身材魁梧型的；然后根据④得出，乙和丙都是身材魁梧型的；再根据⑤判断出丁不满足身材魁梧要求，可排除丁；根据②丁至少符合一个条件，既然他不是身材魁梧型的，也不是相貌出众型的，那他一定是才华横溢型的；根据①只有两位男士是才华横溢型的，于

是根据③可得出甲和乙都不是才华横溢型的，所以丙是唯一能满足海伦全部要求的人。

谋杀案

在一座偏远山村的角落，住着四户人家，他们是两户苏氏和两户隋氏，且两户同姓人家均包含一位年长的和一位年轻的住户。他们以务农为生，日出而作，日落而息，过着极其平凡的生活。有一天，他们突然在田地里发现了一座古墓，于是，平静的生活就被打破了。为了证明自己是第一个发现古墓的人，从而获得更多的利益，他们之间发生了口角，最终，一户人家被另一户打死；而其他两户，一户是目击者，一户则是凶手的同谋。

现在已知情况如下。

A. 同谋和目击者姓氏相同。

B. 最年长的一户和目击者姓氏相同。

C. 最年轻的一户和被害者姓氏不同。

D. 同谋者的年龄比被害者大。

E. 苏氏中年长的那户是四户人家中最年长的。

F. 凶手不是最年轻的一户。

请问，这四户人家中，谁是凶手？谁是同谋？谁是目击者？谁是受害者？

 **答案**

由B、E可知：目击者为年轻的苏氏；由A可知，同谋者为年长的苏氏；由F可知，凶手不是最年轻的一户，可排除年轻的苏氏和年轻的隋氏，所以凶手只能是年长的隋氏。那么，年长的隋氏住户是凶手、年长的苏氏住户是同谋，年轻的隋氏住户是被害者，年轻的苏氏住户是目击者。

Part 6
递推能力训练思维游戏

当你看到每一个蜘蛛编织的网中，是否能发现它们都有着几乎相同的规律和一致的形状？当你看到每一个蜜蜂们辛勤编造的蜂巢中，是否能发现它们都有着出奇一致的形状和几乎一致的朝向？

规律就潜藏在它们建造的过程当中，你发现了吗？蜘蛛挑选出一根中心丝，再以此为轴向外不断扩散，蜜蜂在建造蜂巢时，也是通过选择一个中心再继续向外扩散、递增。

数字之中潜藏着怎样奇妙和独特的魅力？！就连小小昆虫的活动也离不开数学的规律。快来跟我一起，在这一章节里感受数字间不断腾挪推移的奥妙吧！

奇妙的装法

小红和小明在客厅里玩耍，妈妈拿着 9 颗糖果走到他们面前说："我这里有 9 颗糖果，不能平均分。你们谁能将这 9 颗糖果装到 4 个袋子里，使每个袋子装的糖果数都是单数，谁就可以分到 5 颗糖果，而剩下的 4 颗糖果就分给另外一个人。"小红绞尽脑汁也没有想出办法来，聪明的小明一会儿就有了答案。你知道他的方法吗？

此题采用递推法：9 可以分成的单数有 1、3、5 这三个，这三个数的和为 9。将三个数分别装入袋子中，就可以得到三个装有单数糖果的袋子。再将这三个袋子装入第 4 个袋子里，就可以得到 4 个装有单数糖果的袋子了。

幸运同学

学校为了丰富学生们的课余活动，培养他们的读书兴趣，决定举办一次读书交流会。通知一发出，同学们都踊跃参赛，并且表现都特别出色，有 10 名同学在交流会中得到了满分 20 分的好成绩。但是冠军奖杯只有一个，所以评委决定用报数的方式决定奖杯给谁。于是 10 名同学站成一排，从头到尾按"1，2，1，2，1，2，1，2，1，2"报数，凡是报出 1 的都可以离开。剩下的同学仍然这样报，直到最后剩下一位同学，由这位同学拥有奖杯。那么，你知道谁是这位幸运同学吗？

此题依然采用递推法：由题可知是 10 个人报数，我们把这 10 个人编为 1、2、3、4、5、6、7、8、9、10 号。第一次报数时单号报的数都是 1，所以都离开。那么就剩下编号为 2、4、6、8、10 这五位同学，将他们重新编号为 1、2、3、4、5（对应开始的 2、4、6、8、10 这五位同学）进行第二次报数。这一次报完只留下了编号为 2、4（即最初的 4、8）两位同学。他们两个再进行第三次报数，自然幸运同学是最初编号为 8 的那位。

排队的顺序

某学校为了增强学生们的体质，校领导决定举办一次秋季运动会。五（2）班有 6 位同学参加，即：小刚、小丽、小华、小梅、小涵、小贤。他们 6 个人排成一字队入场，由队形可以看到如下情况。

①小涵不在第 5 位。

②小梅和小刚之间隔着 4 个人。

③小华在小涵的前面。

④小刚在小贤的后面。

⑤小丽在小涵的后面，并且紧挨着小涵。

从上述条件中你知道第 4 位是谁吗？

 答案

　　本题采用递推法。首先由以上 5 个已知条件，我们假设小贤排在小涵的后面。这样的话，条件②和条件⑤不能同时成立，

所以，小贤肯定是在小涵的前面。由此可以推出小丽、小华、小涵、小贤四个人的顺序是小华、小贤（小贤、小华）、小涵、小丽。又因为①小涵不在第5位，所以小刚和小梅两个人不可以都在小涵前面，两个人也不可以都在小丽后面，因此顺序为小华、小贤（小贤、小华）、小刚、小涵、小丽、小梅（小梅、小涵、小丽、小刚）。以上几种组合是他们顺序的全部情况，而无论哪种情况小梅永远排在第4位。

猫捉老鼠

　　妈妈给小刚买回来两个玩具，一个电动猫，一个电动老鼠。小刚知道猫是老鼠的天敌，于是他就想到玩猫捉老鼠的游戏。他让自己两个心爱的玩具赛跑，跑了三次，每次都是猫跑100米，老鼠跑90米。小刚想让它们同时到达终点，于是他想出了一个好办法。第四次跑的时候他让猫后退了10米，老鼠还是在原来的位置。这一次，猫和老鼠会同时到达终点吗？

答案

不会。小刚只是将起点调换了一下，但是两个物品的速度是不变的。所以到达终点时，猫的速度还是会快一点，猫比老鼠提前 1 米到达终点。

吃醋的丈夫

A 小区有 3 对夫妻，他们要去同一个地方参加婚礼，但是天公不作美，打不到车，小区门口只有一辆可以乘得下两位乘客的车，并且没有司机，还好这 6 个人都会开车。可问题又来了，3 位丈夫 A、B、C 都特别爱吃醋，他们舍不得让自己的妻子和别的男士同时乘坐一辆车，那你能告诉我他们 6 个人应该怎样坐，来回跑几次才可以到达婚礼现场呢？

答案

本题中只是说了女士不可以和男士同乘，但并没有说女士不可以和女士同乘一辆车。那方法就只能是（将三位女士依次编号为 D、E、F）D 和 E 两个人开车去，D 留下 E 开车回；接上 F，那么 E 和 F 开车去，E 留下 F 开车回；F 回来后接上自己的老公 C，开车去，F 留下，C 开车回；接上 A 两个人开车去，A 开车回；A 接上 B 两个人一起开车去。这样 3 对夫妻就都到了，一共跑 9 次所有人才能都到达婚礼现场。

谁忘了插门

　　某大学宿舍四个人住在一起，他们都大三下半学期了，每个人都在为考研而努力，所以宿舍里的活动也越来越少了，互相之间话也少了。最近，男生宿舍楼传出晚上有小偷入室偷东西，所以 4 个室友规定谁晚回来，谁就负责把门插上，但是因为昨天晚回来的那个人马虎，没有插门，小马的电脑丢了，警方介入了调查，他们 4 个人都做了真实的回答。

　　小瑞说："我昨晚睡得早，什么都记不起来了。"

　　小张说："我回来的时候，小瑞已经睡了，我看了一会儿书，也就睡了。"

小刚说："我昨晚回宿舍的时候，小张正在看书。"

小马说："我进宿舍的时候，小刚正在洗漱。"

警察根据他们的对话判断出了谁是最后进门的那个人，你猜出是谁来了吗？

 **答案**

　　本题采用递推法，从四个人的回答中可以判断出小瑞是第一个睡的，回来最早，而小张回来看到小瑞睡了，小刚回来又看到小张了，所以小张是第二个，而小刚是第三个，小马回来看到小刚，所以小马是第四个，最后答案是小马最后一个回来，他忘了插门。

大了几倍

　　《变形记》中的主人公睡了一觉醒来，发现自己变成了一只大甲壳虫，他自己很惊恐。张亮也做了个噩梦，梦里他没有变成大甲壳虫而是变得自己不认识自己了。他身体的每个部位都整整比以前大了一倍，胖、厚、高都是自己以前身材的两倍。请问，他梦中的体

重是以前的多少倍？

 答案

可将体重看作是胖、厚、高的乘积，由于梦中的身材是以前身材的两倍，所以他梦中的体重是以前的 $2^3=8$ 倍。

 三人进水果

一条街上有 3 家水果店。虽然老板之间存在着竞争，可是他们的关系也不错，经常一起聊天打牌，而且这 3 家水果店的老板经常一起去进水果。今天，三家店的老板——高师傅、李师傅、王师傅又一起去进货。他们每个人都进了好几种水果，并且他们是去两个地方进的水果。在回来的路上，他们谈论着自己的水果，发现一个奇怪的现象，那就是他们为进梨花的钱一样多，但是高师傅却买了110 千克、李师傅买了 100 千克、王师傅买了 90 千克。为什么会出现这样的情况呢？

 答案

> 由题中内容可以知道他们买的水果相同、地方也相同、花的钱也一样多，但是买的斤数不同。那就只有一种情况了，那就是在同一个地方买的分量不同，才会造成这样的结果。本题可以设未知数列方程，最后解出答案。第一次梨是 1 元一千克，高师傅买了 70 千克、李师傅买了 50 千克、王师傅买了 30 千克；而第二次梨是 2 元一千克，这次高师傅买了 40 千克、李师傅买了 50 千克、王师傅买了 60 千克。这就出现了题中的结果。

冤家夫妻

有句话说："不是冤家不聚头。"现实生活中就有这样一对夫妻，他们自结婚之后每天都在吵架。吵架对他们来说就像家常便饭一样，每天不吃饭也要吵。但是上个月他们只吵了 28 次架，而且上上个月他们只吵了 15 次架。现在，根据你学过的知识推测一下这是怎么回事吧。

👉 **答案**

他们每天都要吵架，上一个月却只吵了 28 次，那么说明这个月只有 28 天，也就是平年的 2 月。而上上个月只吵了 15 天，说明他们只结婚了 15 天。即他们是平年的 1 月结婚的，现在是 3 月。

深水里的鱼

在太平洋中，有 5 条不同种类的深水鱼。有一天，它们在海面冲浪后聚到一起聊天。这 5 条鱼分别居住在不同的海洋深度（1000米、1200 米、1400 米、1500 米、1600 米），他们说的关于居住深度比自己浅的鱼的叙述都是真的，关于比自己深的鱼的叙述就是假的，而且，只有一条鱼说了真话。它们的对话如下。

甲说："乙住在 1200 米或者 1500 米的地方。"

乙说："丙住在 1000 米或者 1400 米的地方。"

丁说："戊住在 1500 米或者 1600 米的地方。"

戊说："甲住在 1000 米或者 1200 米的地方。"

那么，究竟每条鱼分别住在哪个深度？

 **答案**

> 甲：1500 米；乙：1600 米；丙：1000 米；丁：1200 米；戊：1400 米。如果甲的说法正确，乙住在 1200 米或者 1500 米的地方，那么乙所说为假，丙的居住深度在乙之上，乙的居住深度小于 1000 米，与甲的说法相矛盾，所以，甲的说法不正确，乙的深度高于甲。依次类推，甲＞戊＞丁＞丙。

宝藏门的开关

　　有一个寻宝人，千辛万苦找到了一座宝藏。可是宝藏门前有六个按钮，其中只有一个按钮可以打开大门。按钮旁边一个告示，上面写着：1 在 2 的左边，2 是 3 右边的第三个，3 在 4 的右边，4 紧靠 5，5 和 1 中间隔着一个按钮，真正的开关就是上面没有提到的数字按钮。只要你按下了错误的按钮，一次性的开关将永远锁死。

　　你知道 6 个按钮中能打开宝藏的那个在什么位置吗？

 答案

> 　　正确的按钮是从左边数第五个。假设6是该按钮，他们的
> 顺序是4、5、3、1、6、2。

谁是王先生的妻子

　　某公司有六位员工，其中一位男士、五位女士。即：张先生、孙女士、吴女士、郑女士、王女士、刘女士。另外，五位女士中有一位是张先生的妻子。除此，我们还知道以下几个信息。

　　①郑、王两位女士的职业不同。

　　②吴、刘两位女士的职业相同。

　　③孙、郑两位女士在相同的年龄段。

　　④五位女士中，两位女士为会计，其他三位为库管。

　　⑤张先生和一位年龄大于30岁的会计结婚三年了。

　　⑥王和刘两位女士不在相同的年龄段。

　　⑦ 最后知道五位女士属于两个年龄段，即三位女士的年龄小于30岁，其余两位女士的年龄大于30岁。

根据以上七个条件，你可以判断出张先生的妻子姓什么吗？

**答案**

由条件③、⑥可知，孙、郑两位女士必定和王、刘两位中一位女士在相同的年龄段，所以这三位女士的年龄小于 30 岁，即孙、郑年龄小于 30 岁。

由条件①、②、④可知，吴、刘两位女士必定和郑、王两位中一位女士的职业相同，所以，这三位女士的职业均为库管，即吴和刘均是库管。因此，满足年龄大于 30 岁且为会计的只有王女士，所以张先生的妻子姓王。

奶奶是一个很节约的人，她养了很多只鸭子，鸭子每天都下蛋，但是这些蛋，奶奶每次都舍不得吃，她要把这些鸭蛋留给自己的小孙子吃。奶奶的 10 只鸭子 10 天内下了 10 枚鸭蛋，还有 100 天就是小孙子的生日了，如果奶奶要想在这 100 天内攒够 100 枚鸭蛋当成生日礼物送给小孙子，她最少需要养多少只鸭子呢？

答案

本题采用递推法，10 只鸭子 10 天内攒了 10 枚鸭蛋，所以 1 只鸭子 10 天才下 1 枚蛋，那要想 100 天攒够 100 枚鸭蛋则最少需要养 10 只鸭子。

# 分糖果

小美家有姐妹三人。爸爸出差给她们三姐妹带了 770 颗糖果回来。爸爸每次带回礼物来都是按照她们的年龄来分，这次也不例外。上上次带糖果回来时，二姐拿了 4 颗，大姐只拿了 3 颗；而上次爸爸带糖果回来时，二姐拿了 6 颗，三妹拿了 7 颗。那你知道这次应该怎样分配吗？

答案

由题中所给条件可以知道，她们的年龄相差 1 岁，并且年龄小的可以得到多的糖果。所以，这次她们得到的糖果数依次为大姐 263 颗，二姐 264 颗，三妹 265 颗。

Part 7

倒推能力训练思维游戏

事物并非只有一种解决方法，即便是独木桥这样危险的事物，我们依然可以通过向前或是向后来获得两种摆脱困境的方法。当我们感觉前路充满了未知和不安时，不妨通过转换自己的思维来重新选择脱困的方法。

　　当我们选择从另一个方向来看待问题的时候，一切都会变得豁然开朗。这个时候需要我们做的就是能够跳脱自己的视角，如果我们要到达 A 地却不能在同时干扰到 B 地，就可以反推没有 B 地的情况下我们需要怎样的路线。

　　只不过是稍稍转换我们的思维，事情的样貌就会大有不同。怎么样，小伙伴们，让我们一起进入这一章的训练当中，感受一下思维转换后的风景吧！

细心的米奇小姐

米奇小姐是一家饭店的收银员，每天核对完当天的账目后，她才能下班。今天，她和往常一样查账，可她发现账面总额比现金总额多了153元。这是绝对不可以出现的错误，于是她需要找出是哪笔账错了。米奇小姐是一个聪明的人，她知道不可能是账目的数字写错了，肯定是自己把一个账目的小数点弄错了。按照这个思路，聪明的米奇小姐一会儿就从当天的账目中找到了这个数。她是怎样找到的呢？

 **答案**

其中一笔170元的账记错了。原因是这样的，如果是小数点不对，那么账面和实际现金相差10倍。也就是说，多出的钱就是应该收取钱数的9倍。所以153/9=17。而她把小数点弄错了，将17.00元写成了170.00元，接下来，米奇小姐找到170.00元这笔账就可以了。

得分

多多在以往的 9 次模拟考试中，考试成绩平均为 82 分。假如他要在第 10 次模拟考试中将平均分改写为 83 分，那么，他最后一次模拟考的分数必须是多少呢？

答案

　　可用倒推法，要想将最后的平均分改写为 83 分，即总分要达到 83×10=830 分。既然前 9 次的考试总分为 82×9=738 分，所以最后一次模拟考的分数为 830-738=92 分。

鸽子的数量

　　有一座动物园新进了几只鸽子，它们的体型特别大，所以来参

观的人络绎不绝。这些鸽子和几只狗养在一个笼子里面，不过中间被隔开了。一个小朋友观看的时候说："72 只，200 条腿。"你知道有多少只鸽子吗？

 **答案**

这道题我们采用倒推法。假设笼中的 72 只动物全部为鸽子，那么就应该有 144 条腿，但是现在有 200 条腿，多出了 56 只。这说明多出的 56 条腿是狗的，应该为 28 只狗。所以有 28 只狗，44 只鸽子。

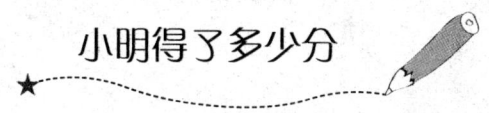

小明得了多少分

小明的姐姐放暑假回家了。一天，姐弟两个在家闲着没事，于是姐姐提议两个人玩游戏。他们玩的是答题游戏，姐姐出题小明回答。他们定下得分规则：如果小明答对一题，可以得到 7 分；相反，答错一题就会被扣除 3 分。试题共 20 道。小明的得分如果超过 70 分，姐姐就要接受惩罚；得分如果不到 70 分，小明就要接受惩罚。接下来，他们的游戏就开始了。最后的结果是小明受到了惩罚，因为小明的最后得分是0分。你能算出小明答对了几道题吗？

答案

　　此题需要运用倒推法，因为小明最后的得分是0分，根据答题规则，0分是由于答对的题目得分与答错的题目失分相等造成的。也就是说，答对的题目和答错的题目总数为20，因为答对一题可得7分，答错一题要扣3分，所以答错的题目数是答对的题目数的7/3倍，所以，小明答对了6道题，答错了14道题。

抽纸牌游戏

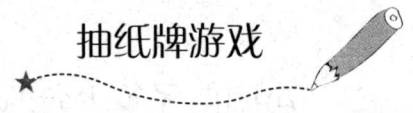

　　富贵手里拿着9张牌，牌上的数值分别是1、2、3、4、5、6、7、8、9。富贵要甲、乙、丙、丁四人来抽牌，每人只取两张。甲抽到的两张牌的和是10，乙抽到的两张牌的差为1，丙抽到的两张牌的积是24，丁抽到的两张牌的商是3。请你猜猜他们四人分别抽到了哪两张牌？剩余的一张牌又是什么呢？

答案

此题采用倒推法，从丁抽到的牌下手。因为丁抽到的两张牌的商是3，所以这两张牌可能是1和3、2和6或者3和9。丙抽到的牌的可能性是3和8、4和6。甲抽到的两张牌的可能性是1和9、2和8、3和7、4和6。假设丁抽的是3和9，那么，丙抽到的就是4和6，甲抽到的只能是2和8。因为乙抽到的两张牌差为1，剩余牌为1、5、7，所以，假设不成立。同样，丁抽到的为1和3也不成立。因此，丁抽到的牌应为2和6，丙抽到的是3和8，甲抽到的是1和9，乙抽到的是4和5，剩余牌是7。

排队

大学时光最难忘的就是军训。军训时，负责训练新生的教官们整齐划一的步伐、飒爽的英姿让人欣羡不已。可军训又是严肃苛刻的，许多新生因此做了战场上的"逃兵"。某班军训时只剩下24人，教官为了考验他们，提出了让24个人站成6排，并且每排必须站5

人的要求，那么，同学们能完成这个略显苛刻的要求吗？

答案

　　根据倒推法，如果是直线队列，每排站5人，站成6排要30人，但教官的要求是24人，也就是每排上要有两个人合并为一个人，那么可采用等边六边形的站列方式，每个边上站5人，6个角上的每个人可同时站两排。

硬币游戏

　　16个硬币，A和B轮流拿走一些，每次拿走的个数只能是1、2、4中的一个数。谁最后拿硬币谁输。

　　请问：A或B有无策略保证自己赢？假设他们都很聪明。

答案

　　本题可采用倒推法。

　　①要保证自己赢，就把最后一枚硬币留给对方。

　　②因此就要留给他1+3枚，因为：如果他拿1，你拿2，留

1 枚；如果他拿 2，你拿 1，留 1 枚；他要拿 4，就输了。

③因此就要留给他 1+3+3 枚。因为：如果他拿 1，你拿 2，留 4 枚；如果他拿 2，你拿 1，留 4 枚；他要拿 4，你拿 2，留 1 枚。

④依次类推。策略就是让对方先拿，每一轮拿去 3 枚或 6 枚，把最后 1 枚硬币留给对方。

检票

春运期间，北京西站迎来了返乡高峰期。游人如织，密密麻麻。候车大厅的某窗口，旅客们正在等候检票。已知，从检票开始的那一刻起，排队检票的旅客将按照一定的速度增加，而检票的速度不改变；已知，开放一个检票窗口，半个小时能使所有旅客检票进站；如果开放两个，10 分钟可让等待检票的旅客全部检票进站。

现在是非常时期，铁路部门增开了一列火车，要求乘务员必须在 5 分钟内检票完毕。那么，此时应该开放几个检票窗口？

 答案

此题乍看之下不好解答，但是通过设未知数的方程可迎刃

而解。假设检票开始时在候车大厅等待检票的人数是 X，每分钟增加的人数是 Y，检票口每分钟通过的检票人数是 Z，需开放的检票窗口是 N 个。

那么，根据已知条件，只开放一个检票窗口时：X+30Y=30Z；

开放两个窗口时：X+10Y=2×10Z；

开放 N 个检票口时：X+5Y ≤ N×5Z；

综上所述，求解可得：N=4。

所以，此时需开放的检票窗口是 4 个。

分苹果

有一个袋子，里面装满了苹果：第一次拿出它的二分之一再多一个给第一个人；第二次又拿出剩下的二分之一再多一个给另一个人；第三次又拿出剩下的二分之一再多 3 个给最后一个人。就在这时，袋子里的苹果都拿完了，最后一个人拿到的苹果数是 6 个，请问最开始袋子里有多少个苹果？

答案

> 本题采用倒推法，从最后一步向前推。因为最后说"第三次又拿出剩下的二分之一再多三个给最后一个人"，且最后一个拿到的苹果数是 6 个。那再往前推，给第二个人的就是 8 个，依次类推，给第一个的就是 16 个。所以最开始时，共有 30 个苹果。

猜年龄

今天是一位老人 81 岁的寿辰，亲朋好友都来道贺，场面热闹非凡。这位老人有一个儿媳妇，漂亮、大方、能说会道，很讨客人的欢心。有两位女士很想知道她的年龄，可她们不好意思问。我们提供了下面几个条件，你能根据这些条件猜出这个儿媳妇的年龄吗？

①这个儿媳妇生了一儿一女，她的女儿的年龄是儿子年龄的五分之一。

②这个儿媳妇自己的年龄是她老公年龄的二分之一。

③儿子的年龄是这个儿媳妇年龄的五分之一。

④将他们一家 4 口人的年龄加在一起正好是今天寿星的年龄。

答案

> 从后往前推，可知：女儿的年龄是这个儿媳妇年龄的 1/25，所以这个儿媳妇年龄的（1+2+1/5+1/25）倍为老寿星的年龄 81 岁，得出这个儿媳妇年龄为 25 岁，儿子 5 岁，女儿 1 岁，这个儿媳妇的老公 50 岁。

瓶子的容积

从前有一个皇帝，他整天待在深宫大院里，感到格外无聊。于是有一天，他穿上平民的衣服微服出巡。来到大街上，他边走边看，非常开心，走着走着，他看到有一个地方聚集了很多人，就凑过去一探究竟。挤进人群后他才发现，原来是一个买醋的和一个卖醋的在吵架，买醋的拿着卖醋的卖给他的一瓶醋说分量不够。醋用一个普通的瓶装着。这种瓶子类似现在的啤酒瓶，形状不规则，醋的高度已到瓶肩处。虽然知道醋瓶的容积，但卖醋人只有一把普通的尺子，他无法量出瓶子里的装醋部分的容积，所以不能验证给买醋者的醋够

不够。聪明的皇帝没有打开瓶子，也没有损坏瓶子，就量出了醋的容积。那么，你知道他是怎样做到的吗？（醋瓶的总容积已知）

 **答案**

我们都知道容积＝底面积 × 高，因此只要算出醋瓶的底面积，再测量出醋瓶中醋的高度即可。乍看之下，醋瓶的底面积容易计算，只要用尺子量出瓶底的直径，即可算出。然而由于瓶身的不规则，醋瓶中醋的高度不易直接测量，此时，我们不妨用倒推法，将醋瓶倒置过来，测出醋瓶内醋上方空气的高度，计算出瓶中空余部分的容积，然后用已知的醋瓶总容积减去空余部分的容积，就可以算出醋的容积了。

特殊的地铁

有一趟地铁特别奇怪，乘客只能从始发站上车，而中途的各个站点只能下人，不能上人。小高每次都坐这个地铁去上班。一天因为无聊，小高记下了每次下车的人数占车上剩余总人数的比例。这个地铁一共六站，他算出前五站依次下车的人数的比例为 1/6、1/5、

1/2、3/4、2/3，最后下车的有 3 个人。那你知道首发站有多少人上车吗？

本题采用倒推法，因为知道最后下车人数为 3 个，而它的前一站下去了 2/3，所以可以求出前一站下车人数为 6 人。以此类推，第四站下车人数是 27 人；第三站下车人数是 36 人；第二站下车人数是 18 人；第一站下车人数也是 18 人。将所有下车人数加起来，可知最开始车上有 108 人。

姑姑家的鸡蛋

云云的姑姑家开了一个养鸡场，每天都会收很多鸡蛋，不过从来没有人数过每天到底收多少个。云云和弟弟比较好奇，想知道这些鸡一天可以产多少个鸡蛋。他们按一次拿两个的方式将鸡蛋拿出筐，然后又按一次拿 3 个的方式放回筐中。不管按哪一种方式拿，到最后，筐里面总是剩下 1 个。云云和弟弟感到很奇怪，于是他们又按一次拿 4 个的方式将鸡蛋拿出来，按一次拿 5 个的方式放回去，情况也是这样。直到他们一次拿 7 个的时候，筐里面才没鸡蛋。根据这种情况，弟弟马上就推算出了筐里面有多少个鸡蛋，你能推算出来吗？

 **答案**

一次拿 7 个就拿完了，说明鸡蛋的数量可以被 7 整除。而每次拿 2、3、4、5、6 个时，最后都会余 1 个，说明鸡蛋的数量比它们的公倍数多 1、2、3、4、5、6 的公倍数是 300，而 301 可以被 7 整除，所以筐里有 301 个鸡蛋。

Part 8

计算能力训练思维游戏

曾经有人这样说，数学是人类最美的语言。是呀，数学是这样的简单明了，在这个世界各式各样的问题和困扰面前，不论是怎样复杂的数学算式，不论有怎样繁复的计算过程，最终都会指向唯一的正确结果。

　　人们盛赞数学，还因为它在我们的生活中十分重要。从今天的一次超市购物，再到红绿灯的交替时长，无一不运用到了数学知识。

　　学会运用数学，计算并解决生活中可能遭遇的各式各样的数学的难题，难道不是一件值得令人感到快乐的事吗？小伙伴们，快来跟我一起攻克下这些数学难题，成为小小的数学达人吧！

数糖果

小雨买了一大堆糖果。共分两种，一种是奶糖，一种是芝麻糖。已知芝麻糖的数量是奶糖的两倍。现在，从这堆糖果中每次取出芝麻糖 4 块、奶糖 3 块，若干次后，奶糖全部取完，而芝麻糖还剩 16 块。请问芝麻糖和奶糖分别有几块？

 答案

假设共取了 N 次，那么依据题意可得：4N+16=2×3N；解得：N=8。

那么，奶糖的数量是 3×8=24 块，芝麻糖的数量是 4×8+16=48 块。

众蚁拾柴火焰高

一只蚂蚁在路上看到一大块馅饼，它自己扛不动，只好回去找其他蚂蚁帮忙。10分钟后，它找来了9只蚂蚁扛馅饼。可是，馅饼太重了，任凭蚂蚁们如何用力，馅饼纹丝不动。接着，每只蚂蚁又回去搬救兵。10分钟后，每只蚂蚁搬来了9个救兵，但仍然没有把馅饼抬起来。于是，每只蚂蚁再回去搬救兵。当每只蚂蚁又叫来9个伙伴时，馅饼终于被扛起来了。

你知道有多少蚂蚁前来扛馅饼了吗？

由题意知，第一次，第一只蚂蚁找来了9只蚂蚁救兵后，此时有10只蚂蚁。当这10只蚂蚁又回去各搬来9只救兵后，蚂蚁的数量是$10 \times 9 + 10 = 100$只。以此类推，当第三次蚂蚁搬来救兵后，蚂蚁的数量为：$100 \times 9 + 100 = 1000$只。

如何分配遗产

一个男子在他妻子怀孕期间突然遭遇了车祸。临死前，他对妻子说："老婆……如果我死后你生下的是儿子……就把财产的三分之一分给他，其余的留给你……如果是女儿……你就把财产的四分之一给她，其余的留给你。"说完，男子撒手而去了。

巧合的是，等到分娩时，妻子竟诞下了一对龙凤双胞胎（一男一女）。这该如何是好？怎样才能不违背男子的遗嘱，并做到公平分配呢？

 **答案**

要解决该问题在于抓住关键点，儿子、女儿与妻子的财产比例就是该题的关键点。妻子和儿子的财产比例是 2∶1，妻子和女儿的财产比例是 3∶1，那么，妻子、儿子、女儿之间的财产比例就是 6∶3∶2。所以妻子分得财产的 6/11，儿子分得财产的 3/11，女儿分得财产的 2/11。

猎豹和老虎

森林里举行比赛，猎豹和老虎力挫众敌，顺利进入总决赛。为了争冠军，保住自己森林之王的称号，老虎在总决赛发令枪响前的那一刻竟然抢跑了。在老虎跑出 10 米远的距离后，猎豹才反应过来，并奋起直追。现在已知，猎豹飞奔的步子比较大，它跑 5 步的路程相当于老虎跑 9 步。老虎也不示弱，它跑 3 步的时候，猎豹只能跑 2 步。

那么，照这样的速度，猎豹能追上老虎吗？如果能，需多少米？

 **答案**

能追上，在猎豹跑出 60 米时可以追上老虎。因为猎豹跑 5 步的路程相当于老虎跑 9 步，但是老虎跑快，它跑 3 步时，猎豹才跑 2 步，所以，猎豹和老虎的奔跑速度之比为：$9/5 \times 2/3 = 6 : 5$。假设猎豹每秒跑 6 米，老虎每秒跑 5 米，且 X 秒后猎豹追上了老虎，那么，依据题意可得：$6X - 5X = 10$，解得 $X = 10$，所以，猎豹跑了 $10 \times 6 = 60$ 米后才追上老虎。

冰是睡着的水

都说冰是睡着的水。水结成冰之后，体积会增大 1/9，那么，当冰融化时，它的体积是不是会减少 1/9 呢？

 **答案**

> 不是。假设水的体积是 9 升，它结成冰之后体积增大了 1/9，即 9×（1+1/9）=10 升；当冰融化时，10×（1−1/10）= 9 升，所以，它的体积减小了 1/10。

卖花

绮玲的妈妈开了一家花店。某天，妈妈有事出去了，要绮玲暂

时帮忙看一下店。可绮玲并不会为玫瑰花打包装，聪明的妈妈很快就想到了办法。她将店里的 1000 朵玫瑰花全部打好了包装，而这 1000 朵玫瑰花刚好被打成了数量不等的 10 捆。这样做的好处是，这时来店里的第一位顾客无论要多少束花，绮玲都可以不打开包装而满足顾客的要求。那么，你知道绮玲的妈妈是怎么做到的吗？

这 1000 朵玫瑰花是这样分的：1、2、4、8、16、32、64、128、256、489 总共 10 份，这 10 份打成包装后，无论顾客要多少，都可以成束买走，也就是这些数字可以组成 1000 内的任何一个数字。

分核桃

钱师傅挑着担子去集市上卖核桃。由于走得急，他忘记带秤了。有两个人分别要 50 斤（1 斤 =0.5 千克）的核桃，而他挑着的核桃刚好有 100 斤。他随身携带着一个能装 100 斤核桃的袋子、一个容量为 70 斤的大桶和一个容量为 30 斤的小桶。请问，你能用这些工具帮钱师傅把这些核桃准确分给两位顾客吗？

 **答案**

先用小桶装两次 30 斤的核桃，然后倒入大桶里，这样大桶就有 60 斤核桃了。再将小桶盛满，然后把小桶里的核桃继续倒入大桶里。直到大桶盛满 70 斤，则小桶里还剩余 20 斤。将大桶里的 70 斤核桃倒入 100 斤的袋子里，然后，将小桶里的 20 斤核桃倒入大桶中，再用小桶装满 30 斤核桃，然后倒入大桶里，现在大桶里的核桃正好是 50 斤。那么，余下剩在袋子里的核桃就是 50 斤。将这两份分好的 50 斤核桃给顾客即可。

挑剔的顾客

大学时，0629 班的同学们聚餐。该班一共 51 人，他们就餐的酒店只提供三种饮料——可乐、雪碧和鲜橙多。要鲜橙多和可乐的人比只要可乐的人多 2 位，只要可乐的人是只要雪碧的人数的 2 倍。其中，不要雪碧的人有 25 个；不要鲜橙多的人有 18 个；不要可乐的人有 13 个；另外，还有 6 个人要雪碧和可乐，而不要鲜橙多。那么，

有多少人三种饮料都要，有多少人只要雪碧，有多少人只要鲜橙多，有多少人只要可乐，有多少人只要其中两种饮料？

答案

用集合来表示能更清楚地解决问题：

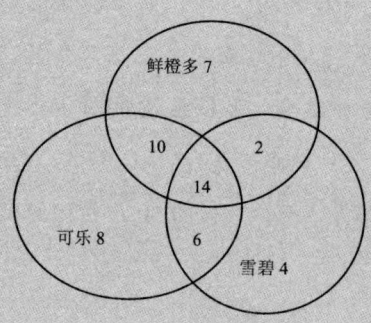

由图可知，有14人三种饮料都要，有4人只要雪碧，有7人只要鲜橙多，有8人只要可乐，有18人只要其中两种饮料。

卖帽子

一家外贸店因为经营不善而关门，在停业前最后一次处理货物。

一顶帽子开始以 60 元的价钱甩卖，卖不出去，老板决定降价到 40 元一顶，结果还是没人要。无奈，老板只好再降价。可是降到 27 元一顶，依然卖不出去。无奈，老板只好把单价降到 18 元。老板心想，如果这次再卖不出去，就要按成本价销售了。那么这顶帽子的成本价是多少呢？

 答案

由题意知，老板的降价是有规律的，比如 $60/40=1.5$，$40/27 \approx 1.5$，$27/18=1.5$，所以，接下来的降价依照这个规律为 $18/1.5=12$ 元。所以，这顶帽子的成本价为 12 元。

菩提树

某寺院内有一棵古老的菩提树。菩提树一直被视为佛教圣树，因此每年到这棵树下烧香拜佛的善男信女络绎不绝。鉴于许多人好奇菩提树的年龄，寺院长老为这棵菩提树贴上了标签，上面写着：比一百有余，比一千不足，从左向右每位数增加 2，而各位数字之和将是 21。请问这棵菩提树到底有多少岁？

答案为 579 岁。由题意知，此圣树的年龄为三位数，假设最左边数字为 X，那么由题可得：X+（X+2）+（X+4）=21，解得：X=5，所以此圣树的年龄为 579。

奇怪的数学题

冠辉是个数学迷，平时总爱钻研一些奇怪的数学题。有一天，他神秘兮兮地对同桌小杏说："今天让你见识一下我的数学天分。你随便想一个一位数，用它先乘以 12345679，再乘以 9。你用计算器算出答案后，把这个结果告诉我，我在一秒钟内就可猜出你想的这个数。"

小杏一边满脸狐疑地看着他，一边用自己想好的一个一位数按照他的要求进行计算，得出 999999999 的结果。他将结果告诉冠辉，冠辉脱口而出："这个一位数是 9。"

你知道这是怎么回事吗？

 **答案**

> 因为 9 乘以 12345679 得出的结果是 111111111，这是一个特殊的乘积。显然，任何一个一位数乘以它之后都可以得到一个特殊的结果。而这个结果与那个特殊乘积之间的倍数就是这个个位数。

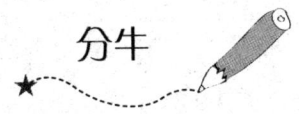

分牛

过年了，家家户户忙着烹羊宰牛。老丁家的几头牛早早就被大伙预订了。老孙分了全部牛的半数，外加半头；老李分了剩余牛头数的一半，外加半头；老刘分了又剩下的牛头数的一半，外加半头；老杨分了最后剩余的牛头数，外加半头。四个人将老丁家的牛全部分完，没有屠杀任何一头牛。那么，老丁家到底有几头牛呢？

 **答案**

> 设老丁家的牛的头数是 X，由题意可知：X/2+1/2+X/4+1/2+X/8+1/2+X/16+1/2=X。

解之可得：X=15。所以，老丁家有15头牛。

猜年龄

含蕾所在部门总共四人。这四个人两两相加的年龄分别是56岁、45岁、60岁、82岁、71岁，其中有两个人的没有相加过。那么，这四个人的年龄分别是多大？

 **答案**

分别设这四个人的年龄是w、x、y、z，可列出如下方程：

w+x=56；w+y=45；w+z=60；x+z=82；y+z=71；

解得：z=43，y=28，w=17，x=39。所以，四个人的年龄分别是17岁、39岁、28岁和43岁。

井有多深

有个孩子想测量井的深度。他先将绳子折成相等的四段，然后将其放入井底。当绳子到达井底时，绳子露出井口的长度是 3 米。当他将绳子折成五段，再将其放入井底时，绳子露出井口的长度是 1 米。请问这口井到底有多深呢？

 答案

设井的深度为 X，绳子的长度为 Y。依据题意，可知：X+3=Y/4；X+1=Y/5；解得：X=7 米。

放羊娃

两个放羊娃在草原上放羊。放羊娃甲问放羊娃乙："嘿，老兄，

你现在有多少只羊?"放羊娃乙说道:"如果这群羊的数量再多一倍,加上原来羊群数量的二分之一,再加上原来羊群数量的四分之一,并且加上你的一只领头羊,数量就刚好凑够 100 只。"

那么,放羊娃乙的羊群到底多少只呢?

设放羊娃的羊群数量是 X 只,依据题意可得:

$2X + 1/2X + 1/4X + 1 = 100$;解之可得:$X = 36$ 只。

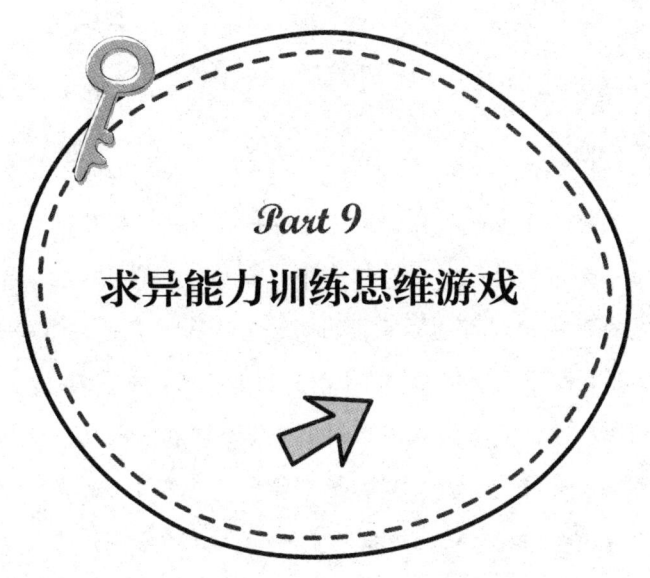

Part 9

求异能力训练思维游戏

国王曾经向他的大臣们出了这样一道难题，面对一扇紧闭的大门，应该如何打开。大臣们都是整个王国里最聪明的人，他们用了各种各样的办法。有的大臣提出用一百个士兵带着巨木撞开大门，有的大臣提议叫十个锁匠将门上的锁解开。国王都不满意。

　　这时一个平日里伺候国王的小侍卫出现在宫殿里，看着一群大臣一筹莫展的样子，向国王禀告："尊敬的国王殿下，这扇门无法推开，而应该面向我们这一边拉开才行。"国王看着震惊的大臣们微笑着说："你们是王国的智囊，但却不能想着转换一种思考方法来解决问题，真该向我的侍卫好好学习才行啊。"

　　转换不同的视角看问题，有些困扰你许久的问题就会迎刃而解。快来进入这一章节的学习，在求异的过程中解决一道又一道难题吧！

极大与极小

　　居里夫人的两个女儿都非常优秀。有一天，她的朋友向她讨教培养和教育子女的秘诀，居里夫人说了一番令人深省的话："我们考虑问题的时候一定要越出自己生活的圈子，去探索现象的一些极限，比如极大或者极小。如果我们立足于地球，相对于银河系来说，地球就是沧海一粟。这是一种很好的思维训练方式，想象一下，我们看到的最大的影子是什么？如果拥有一双敏锐的眼睛，这个问题并不难回答。"

　　你有这样一双敏锐的眼睛吗？我们看到的最大的影子是什么？

 答案

　　此题考查的是人的想象力和求异思维。地球的影子，就是我们看到的最大的影子，它就是夜晚。

工具的妙用

爱迪生在给大学生讲课的时候提了一个问题，他说："有两只鸟，在空中一前一后地飞着，怎样才能把它们都抓住？"大学生们给出很多答案，比如：用枪，用网……方法很多，但是这些方法都难以达到目的。看着大家疑惑的眼神，爱迪生说："其实，只要借助一种特定的工具，我们就能很轻松抓住它们，而且还能留作永久纪念。"这个时候，大家才恍然大悟。

爱迪生指的是什么工具呢？

答案

爱迪生说的是用相机拍下两只鸟，这样就能留作永久纪念。

面试的故事

　　一家公司想招几名业务员，很多人前去面试。经过几番考核，三个应聘者被公司留下进行最后的测试。第一个应聘者进来后，主管直接说："如果你能猜出我的口袋里有多少钱，我们便考虑录用你。当然你可以先问三个问题来得到一些信息，可以有三次机会猜我口袋里的钱数。"接着主管和他的助手做了一下示范，让助手问了自己三个问题。助手问道："你的口袋里有钱吗？""口袋里的钱全是100元整币吗？""全是零钱吗？"

　　示范完毕，第一个应聘者开始提问："你口袋里的钱有几种面值？最大的面值是多少？最小的是多少？"主管一一作答。接着应聘者开始猜，可他没有猜对。第二个应聘者进来后问主管："口袋里全是人民币吗？在500元以下还是以上？整币还是零钱？"主管一一如实作答，但第二个应聘者也没有猜对。第三个应聘者只问了一个问题，便猜对了。于是被主管录用了。

　　你知道第三个应聘者是怎样问的吗？

 **答案**

第三个应聘者问："请问，您的口袋里有多少钱？"

瓦特的三维思路

在一次皇家音乐会上，一个贵族用轻蔑的口吻对瓦特说："乐队指挥家的指挥棒在物理学家手中仅仅是根棒子。"瓦特说："的确是根棒子。但是物理学家能用 3 根棒子组成 12 个直角，而你最多能组成 6 个。"那个贵族不服气，就用 3 根棒子摆了起来，但是始终不能摆出 12 个直角。

你能摆出几个直角呢？

 **答案**

可以先把两根棒子摆成"十"字形，然后把另一根棒子立起来，与另外两根棒子都垂直，并且上下都露出一部分。只要把思维从平面转向三维，思路马上就宽阔起来。

添加的智慧

　　美国旅游业大王希尔顿年轻的时候，准备到阿拉伯国家推销地毯。朋友们都劝他不要去，因为阿拉伯国家的地毯在全球是首屈一指的，到那里去推销地毯注定会失败。希尔顿偏偏不信，他带着自己的地毯去了阿拉伯国家。刚开始的时候，正如朋友说的那样，他赔了。但他并不罢休，一面推销地毯，一面了解当地的风土人情。他发现阿拉伯国家的人大部分都是穆斯林的信徒，每天都要跪在地毯上，朝着麦加方向祷告，于是他想到一个好主意。他设计出来一种能帮助人们朝着麦加方向祷告的地毯，小小的创新不仅让他的积压品全部卖了出去，还让他在阿拉伯国家地毯市场站住了脚。

　　你知道希尔顿用的是什么方法吗？

 **答案**

　　希尔顿在自己的地毯上装了一个小小的罗盘，让指针一直指着麦加的方向，不管人们是否会辨方向，都能对着正确的方向祷告。

华盛顿情景造势

美国第一任总统华盛顿一直是美国人民的骄傲。他从小天资过人，少年时代所做的一些事情至今仍被他家乡的人们传颂。

有一次，华盛顿的邻居家遭人偷窃，损失了很多衣服和粮食。村长知道这件事情之后，就召集村民开会，讨论破案的方法。华盛顿悄悄对村长说："小偷一定是本村人。你按我说的做，我就能把案子破了。"

晚上，村长把村民都召集起来，说是听华盛顿讲故事。人都到齐后，华盛顿开讲了。他说："黄蜂是上帝的特使，它的大眼睛能辨别人的真善，趁着月光飞到人间……"华盛顿突然停了一下，猛然喊道："小偷就是他，黄蜂正在他头顶打转，就要落下来了。"

人群骚动起来，大家都相互观望。突然，华盛顿指着一个人，说："小偷就是他。"小偷想否认，但是在事实面前他只得认罪。

你知道小偷是怎么暴露的吗？

 答案

华盛顿先给人们营造一个心理情景，然后再大喊。当他大喊的时候，小偷不知是计，于是开始用手驱赶头顶的"黄蜂"。

大智若愚

　　曾任美国总统的加菲尔德小时候性格很内向，很怕羞，大家一直认为他的智商有问题。有一次，有人把一枚五分的硬币和一枚一角的硬币丢在他面前让他捡。他捡起五分的，却对一角的视而不见，于是别人都说他是傻帽。之后，很多人这样试探他，但是，他每次都只捡起五分的。这件事越传越远，以致大家都认为他的脑子真的有毛病。有一天，一个贵妇人问他："难道你不知道一角要比五分大吗？"加菲尔德回答说："我当然知道！"

　　既然加菲尔德知道，为什么他还要那样做？

 答案

　　如果他捡起一角的，别人就不会再故意丢钱让他捡了。

揭开漩涡秘密

麻省理工学院机械系主任谢皮罗在洗澡时发现，每次洗完澡放水，水的漩涡总是向左旋转。他百思不得其解，于是抓住这个问题不放，进行实验研究。经过长期的探索，他知道了其中的奥秘：水流的漩涡方向是一种物理现象，与地球自转有关。如果地球不自转，水流就不会产生漩涡。因为地球在不停地自西向东旋转，而美国在北半球，所以使得洗澡水向左旋转。这一观点引起了科学界的极大兴趣，于是很多人到各地进行试验，结果都证明谢皮罗是正确的。

那么，假如是在北京，洗澡水的漩涡应该是向左还是向右呢？

答案

北京地处北半球，所以洗澡水的漩涡也是向左旋转的。

Part 10
应变能力训练思维游戏

巴依老爷总是想着占阿凡提的便宜，在为巴依老爷工作了三个月之后，他想要赖不给阿凡提工钱，并要求阿凡提只有猜对他和妻子的棋局输赢才能领到工资。阿凡提运用一系列标点符号成功的猜出了巴依老爷的棋局。

　　面对巴依老爷的种种刁难，阿凡提总是能够巧妙地化解和应对，这依靠的就是阿凡提出众的应变能力。

　　透过问题，看见本质，面对一切问题都能够积极地想出解决的方式，需要你拥有足够的应变能力。快来进行我们本章节的练习，更加积极地应对一切困难与挑战吧！

虚实探真假

　　在一辆公交车上，乘务员对大家说："我刚才捡到一个包，里面有不少钱，请问这是谁的包？"车厢里的乘客互相看了看，无人应声。过了一会儿，一个小伙子站起来说："那是我的包，里面有我刚从邮局领的稿费。"女乘务员看见小伙子脸色有点不对劲儿，就产生了怀疑。她打开包看了一下，说："那么，包里的手枪也是你的了？""什么？手枪！"小伙子掩饰不住脸上的惊慌，连忙说："这个包不是我的。"这时候，车厢里的乘客都看着小伙子，小伙子顿时羞愧地低下了头。

　　包里真的有手枪吗？

 答案

　　这只是女乘务员设的一个局，就是为了让小伙子说出真话。

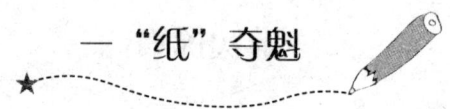

一"纸"夺魁

有一位大学毕业生，早上很早就起来到一家公司去面试。但是，当她赶到的时候，前面已经排了很多人，而这家公司只招三人。看到自己的希望不大，她灵机一动，在一张纸条上面写了一行字，交给负责接待的工作人员，并对工作人员说："这个纸条很重要，请务必交给你们老板。"最后，轮到她面试了，她很轻松地回答了老板的问题。老板拿出她写的纸条，说："你的真实水平和我期待的一样。"结果，她得到了工作。

你能猜出这位大学生在纸条上写的是什么吗？

答案

纸条上写的是："我排在最后面的位置，在你没有见到我之前，请不要决定聘用谁。"这是一种延时变通的做法。

吕叔湘巧回信

　　有一次，著名语言学家吕叔湘收到一封请教语言方面问题的读者来信。他很快把回信写好了。可在准备寄出去的时候，却被难住了。原来，写信人的署名很潦草，根本无法辨认是什么字。不回信显得不妥，回信却不知道该寄给谁。吕先生费尽心思，还是没有想出什么好办法。最后，他拿着信封仔细看了一会儿，突然心中一亮，高兴地说："有办法了。"

　　请问，他想出了什么好办法？

 **答案**

　　他把来信人的签名剪下来，然后按照来信人提供的地址把信寄过去。

143

杨小楼救场

杨小楼在北京第一舞台演《青石山》时扮的是关羽。一天，演周仓的老搭档请假了，于是找了一个花脸代替。可那天花脸喝酒了，到场时昏头昏脑的，竟然忘了戴道具胡子。下面的观众一看开始喝倒彩，杨小楼灵机一动，临时加了台词："面前所站何人？"演周仓的花脸愣住了，不知道怎么回事，就回答说："周仓……"杨小楼连忙说："原来是周仓之子！"并做了一个捋胡子的动作。这样一来，把那个演员吓清醒了，一下子愣在了那里。杨小楼紧接着又说了一句话，很自然地把问题解决了。

你知道杨小楼说的什么话吗？

 答案

杨小楼说："赶紧下去，让你爹爹前来。"那个演员赶紧借机下去，戴好胡子，重新上场。

暗示获救

　　玛利亚从电视上看到一则消息：花园街有一位 79 岁的老人，在遭遇抢劫后被枪杀。目击者说凶手穿的是绿色西装。

　　花园街正是玛利亚住的那条街，因此她心里有点害怕。就在这时，她发现自家阳台上有一个 40 岁左右的男子，身穿绿色西装，并且衣服上有血迹。玛利亚的脸都吓白了。那个人看见玛利亚就走了进来，让玛利亚把手表和金戒指给自己。

　　就在这时，有人敲门。那个人用枪顶着玛利亚的背，说："就说你已经睡了，不能让他进来。"

　　敲门的是一名警官，就住在玛利亚的楼上。因为他知道凶手就藏匿在这一带，所以过来看看玛利亚是否在家。玛利亚一听声音，就平静了很多，对着敲门的人说："以后不要这个时候敲门，隔壁的德尔大叔已经睡了，我也睡了，你走吧。"

　　"干得不错，太妙了。"那个人很高兴，于是坐在沙发上喝起酒来。突然，从阳台上冲进来很多警察，没等那人反应过来，就把他铐起来了。

　　"好主意！"刚才敲门的那个警官邻居对玛利亚竖起大拇指。

你知道玛利亚的好主意是什么吗?

 答案

> 隔壁根本就没有德尔大叔，所以警官知道屋内有异常情况。

弱女留痕验贼

  一位女记者在公交车上丢了钱包。等公交车到站后，她第一个跑了出去，对着站牌周围的警察喊："不要让车上人下来，我的钱包被偷了，请您帮我查一下。"

  警察说："不让人下来没什么问题，但总不能让我搜每个人的身吧?"

  女记者说："不用搜身，只需要查看一下车上男士们的鞋子就行。当时我在小偷脚上狠狠踩了一脚。"原来女记者感觉到有人在偷自己的钱包，但是她不敢喊叫，就在车摇晃的时候向后退了一步，踩在那个人的脚上。

  警察按照女记者的建议，把男士全部留在车上。经查验，果然看见一个人皮鞋上有脚印。让他脱下鞋和袜子一看，脚背上有一片红肿。警察一搜他的口袋，果然找到了女记者的钱包。

最后，警察问女记者："你身后有很多男人，你怎么就断定你踩的是小偷，而不是其他乘客呢？"

你能回答警察的问题吗？

 **答案**

> 女记者踩得那么狠，如果是一般的乘客，一定会大喊大叫起来，但是被踩的人并没有任何反应，所以肯定是小偷。

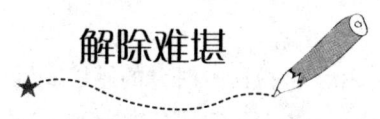

解除难堪

有一家宾馆，想招几名男服务员。前去应聘的人很多，老板想考考他们。他问这些应聘者："有一次，当你走进客人房间的时候，发现女客人正在洗澡，你应该怎么办？"

有的说："对不起，小姐，我不是故意的。"有的说："小姐，我什么都没有看见。"……老板都不满意。

怎么回答才能让老板满意呢？

爱因斯坦逻辑思维游戏精选

👉 **答案**

> 应该说："对不起，先生，我不是故意的。"明知道是女客人，却称呼先生，这样不仅给自己解除了难堪，也为女客人带来了慰藉。

试探辨真假

　　某机关来了几个打扮比较时髦的姑娘，她们让人看着很不舒服。她们拿着一封介绍信，上面写着："家乡受自然灾害，请援助。"并且有某乡政府的印章。机关里的人看几个姑娘的打扮，心中生疑。小王忍不住说："看你们的打扮，不像是家乡受灾了啊。"

　　几个姑娘并没有说话，过了一会儿，其中一个拿出一张纸，在上面写着："我们是聋哑人。"

　　小王说："刚好，我会哑语，我和你们交流。"说着，就向她们打起了手势，一招一式还真像那么回事。

　　不料，几个姑娘看见小王打哑语，全都愣住了。相互看了一下，马上走了。同事们好奇地问小王："同事这么多年了，怎么没听说过

你会打哑语啊？"

　　小王真的会打哑语吗？

　　小王不会打哑语。他心里清楚这几个姑娘是骗子，肯定不会打哑语，于是就以假治假。

妥协有术

　　小梅参加一个朋友聚会，直到凌晨一点聚会才结束。回家时，她一个人走在冷清的大街上。突然，一个男子出现在她面前，拿着一把匕首，指着小梅说："我不会为难你，只要把你身上最值钱的东西留下就行。"

　　小梅用大衣掩饰住自己脖子上的项链，把自己的耳环摘下来递给男子。男子笑着说："不要糊弄我，赶快把项链给我。"小梅没有办法，只好把项链给了男子。男子接过项链后，果然很守承诺，又把耳环还给了小梅。事后，小梅说自己这是"妥协有术"。

　　你知道小梅说的"妥协有术"是什么意思吗？

答案

小梅的项链是假的，耳环才是最值钱的。

相士智辨千岁妻

唐朝时，镇守江西的千岁王李德诚有位美貌绝伦的妻子。而当地有一位善于察言观色的相士，很有名气。有一次，千岁王请相士喝酒。喝到高兴时，相士说："我看得出您是贤明之主，日后定能成就大业。"千岁王就指着庭前5个穿戴一模一样的年轻女子说："那你能看出来哪个是我的夫人吗？"

相士傻眼了，说实在话，他根本没有多大本事，只不过是巧舌如簧罢了，相士想：如果自己看不出来，就会被人瞧不起，现在只有硬着头皮猜。听大家都说千岁王的妻子漂亮，那就哪个漂亮猜哪个。想毕，相士走到5个女子面前。他反复打量5个女子，发现她们简直长得一模一样，根本看不出来哪个长得漂亮。他偷偷看了一眼千岁王，发现他露出了狡黠的微笑，不禁愣了一下。情急之下，他想出一计，说："夫人，你头上落了一只蝴蝶。"

你知道相士这样说的目的吗？

答案

> 因为其他 4 名女子肯定知道谁是千岁王夫人，听相士这么一说，她们就会好奇地看过去。这样一来，就能辨出谁是千岁王夫人了。

拖延死刑

古时候，英国有一个大盗。他在偷窃王室的珍宝时被当场抓获，法庭判处他死刑。大盗知道詹姆士六世曾经要求人人读《圣经》，于是要求在死之前能好好忏悔一下。狱卒就把大盗的要求报告了上级，经国王许可，崭新的《圣经》到了大盗的手上。大盗详细地说明了自己的阅读计划后，国王同意了，后来国王知道自己上当了。实际上，读《圣经》只是大盗想拖延自己的死刑判决。

你知道大盗的计划是什么吗？

 **答案**

　　国王准许大盗读完《圣经》之后再执行死刑，但并没有定下读完《圣经》的期限，因此大盗的刑期就完全由自己控制了。

易容术捉匪

　　有一个女易容师，手法相当高明，她能把一个四五十岁的男演员变成二十来岁的"奶油小生"，也能把妙龄少女变成暮年老者。有一天，一个越狱的罪犯闯入她家，用刀逼着她说："现在警察正在搜捕我，赶快给我易容，否则要了你的命。"女易容师被迫把罪犯变成了一个脸色黝黑的中年男子。罪犯一看完全不像自己了，就把女易容师双手绑住后离开了。可是，他一出门，立马就被警察逮住了。

　　这位女易容师到底做了什么呢？

 **答案**

　　女易容师把自己前几天刚看见的一个通缉犯的脸"移植"到了罪犯的脸上，这种"换汤不换药"的做法使罪犯没能摆脱

警察的追击。

悬崖叫停解危

　　两个画家一起到一个风景秀丽的山上去写生。不知不觉间，他们来到一处悬崖边。一位画家画了一幅很满意的画作。他想远距离欣赏一下自己的作品，于是便向后退了几步。完全沉浸在创作激情之中的他没注意到自己已经退到了悬崖边，再后退一步就会掉下去了。这个时候，另一个画家发现了险情。可是，这时大声喊叫可能会使即将掉下悬崖的画家因为受刺激而加速后退，而跑上前去阻止已经来不及了。

　　你知道采用什么方法最有效吗？

 **答案**

　　拿起那个画家的作品，把它撕成碎片，那个画家就会冲上来保护自己的得意之作。

《蓝色多瑙河》

著名作曲家施特劳斯一生创作了很多著名的乐曲,《蓝色多瑙河》就是其中一支。而《蓝色多瑙河》的创作过程也非常有趣。有一次,施特劳斯和朋友一起到海边玩,黄昏的时候,他一个人出来散步,看到梦幻般的海面,他又想到了乐曲。不知不觉间,他突然来了灵感,脑海中出现了一段美妙的旋律。施特劳斯赶紧从口袋里拿出笔,但是,他的纸不知道什么时候弄丢了,这可怎么办啊?再好的旋律,没有东西记下来也只是徒劳。就在这时,他灵机一动,巧妙地将这段流芳百世的名曲旋律记录了下来,那么,你知道他是怎样做到的吗?

答案

他把那段旋律写在了自己的白衬衣上。

装聋作哑显真相

　　有一位老人把自己的驴拴在了一棵树上。这时，有个小伙子也牵来一头驴，想拴在那棵树上。老人说："一棵树是不能同时拴两头驴的。我的驴性子比较暴躁，恐怕会出乱子。你还是把你的驴拴到别的树上吧。"小伙子生气了，说："老头儿，我今天偏要把驴拴到这棵树上。"说着就把驴拴好离开了。

　　过了一会儿，两头驴开始相互踢打。很快，小伙子的驴被踢得遍体鳞伤。等小伙子办完事回来，看见自己的驴伤成那样，慌忙拉住老人，说："老头儿，你要赔我的驴。"老人开始与小伙子讲理，但是小伙子根本不听。老人没有办法，只好和小伙子一起找人评理。

　　不管评理的人怎么问，小伙子怎么吵，老人就是不开口。评理的人说："这就难办了，他是个哑巴，你们之间的矛盾弄不清楚。"

　　小伙子很气愤，说："他不是哑巴，刚才还说话呢！"

　　你知道老人为什么装哑巴吗？

 **答案**

　　这样一来，评理的人就会让小伙子把老人说过的话从头到

尾重复一遍，而老人的忠告也会被说出来，事情的真相自然显出来了。

Part 11
迂回能力训练思维游戏

下雨的时候，面前出现了一个大水坑，只要绕过去便可以继续我们的行程。其实在现实生活中，也有很多时候需要我们像绕过水坑一样选择用一种更加迂回的方式来解决问题。有时候转换一种方式，以退为进之后我们会获得更好的结果。

　　我们不能改变雨水降落的位置，但我们可以改变自己的脚步。我们不能改变事情发展的进程，但可以改变自己应对它的姿态和方式。

正文反作有韬略

　　楚庄王很爱马，他给自己的马披上绸缎，还给它们吃枣泥，让马享受和大臣一样的待遇。有一次，楚庄王的一匹马死了，他准备以大臣的规格安葬。大臣们都劝他不要那样做，楚庄王发怒了，说："谁再劝我，我就让他给马陪葬。"优孟听说了这件事，大哭着叩见楚庄王，他没有像其他大臣那样劝楚庄王，只是说了一段话，就让楚庄王改变了主意，你知道他说了什么吗？

 **答案**

　　他说："人们都知道大王把马看得比任何人都高贵。现在大王的马死了，用大臣的规格埋葬实在太轻了，应该用国君的规格。"楚庄王听后惭愧不已，立即改变了主意。直谏往往会激怒君王，聪明的人往往会用正文反作的策略指出君王的错误之处。

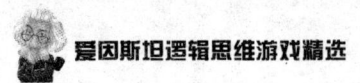

亚都借展促销

北京亚都人工环境科技公司是我国著名的加湿器生产厂家，他们并不是靠花钱做广告达到独领市场风骚的地位，而是靠巧妙地推销自己的产品。有一年，亚都得知北京某加湿器在北京各大商场开展促销活动，于是断定那家公司会大力做广告宣传吸引顾客。亚都分析情况后，并没有按照常规方法开展广告攻势，而是做了一件事，就达到了促销的目的。

你知道亚都做了什么吗？

答案

在竞争对手大肆宣传的时候，亚都把自己的新型产品和对手的产品摆放在一起，结果被吸引来的顾客在比较之后还是选择了亚都。这种借风使船的做法虽有投机之嫌，却给自己带来了丰厚的利润。

老头儿衫重放异彩

　　有家服装厂，主要生产男士衬衫。随着潮流的变化，那种老式衬衫变得无人问津了，以至于后来成了退休人员才穿的衣服，因此被人们称为"老头儿衫"。该厂的"老头儿衫"大量积压，工厂面临破产。这个时候，一个年轻技术员讲了"百鸟献羽"的故事，说一只丑鸟可以变成凤凰，只要大家都开动脑筋，"老头儿衫"一定会有销路。按照他的思路，他们真的想出了让积压品变为畅销品的好办法。

　　你知道他们想出了什么好办法吗？

　　他们在"老头儿衫"的前胸和后背印上一些美术字的警句，如"别烦我！""退一步海阔天空"等字样，迎合了年轻人猎奇的心态。他们用"流行文化"做卖点，让"老头儿衫"变身为"文化衫"。

悬筐设奖填水坑

唐朝有个叫裴明礼的人，非常懂经商之道。他居住的城中心有一块空地，空地中央有一个大水坑，裴明礼花了很少的钱就把那块空地买下了。当时大家都说他傻，买了一个没有任何用途的大坑。第二天，人们意外发现大坑旁边竖起一个木棍，上面吊着一个小竹筐，旁边写着：凡是用土块击中小竹筐者，赏钱 10 文。世上竟有如此便宜的事情，大家都争先恐后往大坑中扔土块。但是，木棍有点高，竹筐又很小，基本上没有多少人能够击中。

你知道裴明礼这样做的目的吗？他接下来又要做什么呢？

答案

他这样做是在借力填坑。大坑填平以后，他建起了牛圈、羊圈，把牛羊卖给往来的商贩，把粪便卖给种田的农民。赚到钱以后，他就在这块地上盖起了房子，建起了养蜂房……后来，他成了远近闻名的富绅。

小商人智取货款

一位小商人，年关时辛辛苦苦赶制出一批货，交给了一个新客户。他交货之后，却迟迟不见客户汇款，于是，小商人坐火车找到客户的公司。他等了很长时间，才拿到一张十万的支票。不料，银行的工作人员却说这个户头很长时间没有资金往来了，账号里的存款也不足，无法兑现。小商人顿时明白了，这是那个客户的小动作，就是想为难自己。他想了想，便问银行工作人员里面到底有多少钱。银行工作人员说里面有九万八千元。小商人转念一想，立即做出一个决定，最后顺利地取到了钱。

你知道小商人做了什么决定吗？

 答案

> 小商人往那个账号里汇了两千元，这样一来，支票就能兑现了。

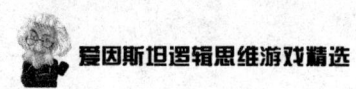

把木梳卖给和尚

一家公司经营有方，需要扩大业务，因此准备招聘一批营销人员。前去应聘的人很多。这家公司就想到了一个绝佳的选拔方法。他们把所有应聘人员召集到一起，宣布说："为了能选拔出高素质的营销人才，现在我们布置一个任务，谁有办法把木梳卖给和尚，我们就会聘用他。"

谁都知道和尚是不用木梳的，把木梳卖给和尚简直是不可能的事情，于是很多应聘者离开了。最后只有小王、小张和小李留了下来。公司经理让他们在十天之内完成任务。十天过去了，三人都回到公司。

小王找了很多寺院，都被和尚赶了出来，最后，只有一个善良的老和尚买了他的一把木梳。小张到达一个寺院的时候，由于风大，很多前去烧香的人都被吹得蓬头垢面，于是小张劝说寺院买些木梳给信徒整理头发，因此那个寺院买了他 10 把木梳。但这两人均未被公司聘用，而小李则成功卖出了 100 把梳子，被这家公司正式聘用。你知道小李的木梳是怎么卖出去的吗？

 **答案**

　　小李对寺院住持说："我看见很多信徒走了很远的路前来烧香，您为什么不赠这些信徒一些礼物呢？好让他们觉得不虚此行。我这里有100把木梳，您用书法在每个木梳上写'积德行善'四个字赠予香客。信徒们领到礼物后定会相互转告，这样一来，寺院的香火就会越来越旺。您看，这不是一件很好的事吗？"住持听完小李说的话，觉得很有道理，就答应买下100把木梳了。

以色还色斗财主

　　有一个财主，做了一套新家具，不过新家具还没有刷油漆。财主在家门口贴了一张告示：招油漆工一名，能按照样品漆好家具，付双倍工钱。有一位技艺比较高超的油漆工前去应聘，财主拿出一块漆好的小木板，对油漆工说："你就按照这个颜色来漆。"

　　油漆工技艺的确高超，很快就漆好了。财主仔细对比后说颜色深了一点。于是，油漆工又重新漆。可是财主又说颜色浅了一点。

油漆工知道这是财主在找借口不付钱，于是只好自认倒霉。

油漆工回去以后闷闷不乐，儿子知道这件事情后说自己有办法。没过多久，财主家的儿子结婚，又做了很多家具，并且贴出了同样的告示。油漆工的儿子就去了，财主一看是个孩子，就有点不信任他。但是他想到能免费漆家具，也就将就了。几天以后，油漆工的儿子便把家具漆好了，这个时候，财主故伎重演。油漆工的儿子便与他吵了起来，引很多人前来看热闹。财主拿出样品，硬说颜色不一样。但是油漆工的儿子说了句话，财主顿时哑口无言了，只好乖乖付了工钱。

你知道油漆工的儿子说的是什么话吗？

油漆工的儿子说："我漆家具的时候，连同你的样品一起漆过了，怎么会不一样呢？"

借生意窃情报

1973 年，苏联在美国放出风声，他们将挑选一个美国飞机制造公司为他们建造一个世界上最大的喷气式客机制造厂（每年可以生产 100 架巨型客机）。如果美国公司的条件不适合，就找其他国家做这笔 3 亿美元的生意。

美国的三大飞机制造商都想拿下这笔生意。苏联便与三家公司周旋，后来，波音公司为了展示自己公司的实力，便同意让苏联专家进入他们的精密实验室考察。苏联专家拍下了大量照片，得到了大量资料，还带走了波音公司制造巨型客机的详细计划。波音公司热情送走苏联专家之后，欢天喜地等着签合同，谁知苏联方面再也没有了消息。过了不久，美国人发现苏联已经制造出一种新式喷气式运输机，而且制造飞机的合金材料和美国波音公司的一样。

请问，这是怎么一回事呢？

 **答案**

苏联专家在考察波音公司的精密实验室时成功获取了制造飞机的合金材料的成分信息，他们在考察时所穿的皮鞋是特殊材料制成的，能吸取制造飞机的合金材料的金属屑。他们把金属屑带回去分析、研究，就得到了合金材料的成分。

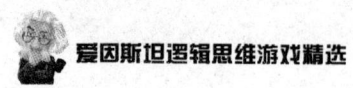

李斯特的反击

　　19世纪最著名的钢琴演奏家李斯特某次赴俄国为沙皇表演钢琴独奏。在演奏过程中，傲慢的沙皇并没有把注意力放在李斯特的表演上，而是不停地与他的官员们大声谈话。李斯特对此十分反感，可又不能直接表达自己的不满，过了一会儿，沙皇与官员们的谈话声越来越大了，李斯特也越来越气愤，最后，他用一种特别的方式解除了自己的尴尬，幽默而巧妙地回击了沙皇并维护了艺术尊严。你知道他是怎么做的吗？

答案

　　李斯特停止演奏。当沙皇问他为什么不演奏了的时候，他对沙皇说："陛下在说话时，我应该保持静穆才是。"

沙土拖桥墩

一场暴雨冲毁了森林边的小桥，连钢筋混凝土做的桥墩也被冲到了下游。要想再重新架桥，就需要把桥墩搬回来，于是队长安排两艘大船去下游拖桥墩。可是，桥墩太重了，绳子都拉断了，也不见桥墩有丝毫移动。就在大家发愁之际，一个老工人想出了一个办法，终于把桥墩拖回了上游。

老工人想出了什么办法呢？

 **答案**

先把两艘大船装满沙土，然后把船开到桥墩上方，用绳子把桥墩套牢，然后把沙土卸下去。这样，船就会因为浮力作用而升高，从而顺势把桥墩拖出来。

打草惊蛇的搜捕

伊丽莎白一世在位期间，政敌很多，她的王位和生命不时受到威胁。有一次，苏格兰的玛丽女王制订了暗杀伊丽莎白的计划，并通过英国王宫里的巴宾顿联络其他六人去实施。负责女王安全的英国情报机关首脑沃尔辛厄姆及时发现了这一阴谋。但是，沃尔辛厄姆只知道巴宾顿是这次行动的负责人，不知道其他六人是谁。这六名身份不明的阴谋分子都隐藏在王宫中，时刻威胁着女王的安全。沃尔辛厄姆决定用"打草惊蛇"之计把那六人揪出来。

如果你是沃尔辛厄姆，应该从哪儿着手？

 **答案**

沃尔辛厄姆先发出了对巴宾顿不利的信号，故意让他察觉到自己已经被人盯上了，巴宾顿感觉事情不妙就会同其他六人逃离王宫。自然，沃尔辛厄姆一查名册就可以知道这六个人是谁，便可立即展开大搜捕。果然不久，沃尔辛厄姆就把巴宾顿和其他六人一举抓获了。

有舍才有得

　　有一个花农，从外地引进了一种名贵的花卉，在自己的花圃里培育。第一年，他获得了很大的成功，引起了花卉市场的轰动，因此赚了很多钱。面对这样的结果，花农信心大增，第二年就扩大繁殖，希望赚取更多的钱。然而，事与愿违，他的花没有上一年的长势好，还有很多杂色，于是他就去请教专家。专家去了他的花圃，仔细观察了一番，然后问道："你的邻居都种了些什么花？"

　　花农说邻居种的都是一些本地的品种。专家告诉他，是邻居的花粉传了过来，导致他的花出现杂色。可是花粉是通过风传播的，很难找到一种方法来阻止风的传播。针对这个问题，专家出了一个主意，花农半信半疑地照做了。结果，第二年的花果然开得分外妖娆。

　　你知道专家提出的是什么办法吗？

答案

　　专家让花农把这种花卉分给邻居培育，只要大家种的都是同一种花卉，就不存在花粉干扰的因素了。

打赌总是赢

有一个叫帅克的人，跟别人打赌的时候总是能赢。有一天，一个警察想敲诈帅克，便说有人告他偷窃。帅克说自己的东西都是打赌赢的，从来没有偷窃。警察不信，帅克就跟警察打赌证明自己。帅克说："我赌你明天会长出一条尾巴。我输了，就给你100元；我赢了，你就给我100元。"警察觉得这是不可能的，于是满口答应了。第二天，警察去找帅克要钱，帅克说："你脱下裤子我看看。"警察照办了。这时，帅克高兴地冲进内屋，大声说："我赢了。"然后拿着一大沓钞票冲出来，抽出一张面值100元的递给了警察。与此同时，警察的家人也走了进来，每人给了警察一个耳光，说："真不像话，一个警察脱裤子给别人看。"

这是怎么回事？警察的家人充当了什么角色？

 **答案**

帅克与警察打赌后，又与警察的家人打赌说自己能让警察脱裤子给自己看，因此，帅克最终赢了钱。

Part 12
发散能力训练思维游戏

当我们在看见同一颗石头的时候，不同的人会有不同的看法。

有的人会想这颗石子真漂亮，可以用来做游戏中的道具；有的人会想这颗石子真坚硬，可以用来做铺路的材料；有的人会想这颗石子真特别，可以用来研究它是怎么形成的。

一颗石子对于我们来说可以有各种各样使用的方式，在这个思考的过程中，我们不断将石子和其他各种各样的事物相联系，我们也因此更好地理解了整个世界的事物。

世界是奇妙而宏大的，我们在这个世界中只是渺小的一分子，但这并不妨碍我们将这个世界通过发散的思维互相联系起来。一只在太平洋上扇动翅膀的小小蝴蝶甚至能够掀起一场热带风暴！让我们通过发散自己的思维，更好地去了解整个世界吧！

就让我们在这一章的游戏中找到绕过水坑的方式，在迂回之中不断前进吧！

金钱不是万能的

金钱可以买到很多东西，但它不是万能的。请运用发散思维，联想一下金钱的作用和局限，把下文接写下去。

①能买书，不能买知识；

②能买床，不能买睡眠；

③能买饭，不能买食欲；

 **答案**

能买药，不能买健康；能买房，不能买亲情。

把艺术家比作什么

画家林风眠曾把艺术家比作蝴蝶：一只毛毛虫，为了飞起来，从

茧中挣扎出来，变成翩翩起舞的蝴蝶。

请你思考：

①把艺术家比作春蚕，行吗？

②把艺术家比作蜜蜂，行吗？

……

如果可以的话，你可以选择一个，写一段短文。

答案

> 艺术家就好比蜜蜂，它不会停留在一朵花上，而是辛勤地去亲近所有花朵。这不正是艺术家辛勤创造的写照吗？

大山的回报

有个小孩不知道回声是怎么回事。有一次，他对着大山喊："喂！"大山立即反射回他的声音："喂！"他又喊："你是谁？"大山也说："你是谁？"他又尖叫道："你是个蠢材！"大山也说："你是个蠢材！"小孩觉得自己受到了伤害，大骂起来；回声也不相让，开始与小孩对骂。这时候，一个老者对小孩说："孩子，你应该和气地对它说话，那样，它也会很和气地对你。"小孩照着老人的话去做了，

大山的态度果真和蔼了。

读了以上文字，请发散你的思维，说出你感悟出的人生道理。

 答案

用粗暴的态度对待别人是自讨没趣，我们应该用温柔的话语化解别人的愤怒。

要想获得别人的尊敬，就要先尊敬别人。用粗暴的态度对待别人是自讨没趣，我们应该用温柔的话语化解别人的愤怒。

季羡林轶事

北京大学刚开学的时候，一个外地来的学生带了很多行李，于是对一位迎面走来的老人说："您能不能帮我看一下行李，我赶着去报到，东西没地方放。"老人答应了，于是，那个新生就去办理各项入学手续。一个小时以后，学生回来了，老人也完成了自己的使命。学生谢过老人，两个人就各自离开了。几天后，学校举行开学典礼，学生惊讶地发现主席台上坐着的副校长季羡林先生正是那天帮自己看行李的老人。

请发散你的思维，说说你从季羡林的做法中感悟到了哪些处世之道？

 **答案**

> 1. 不以善小而不为。
>
> 2. 平易近人，以身作则。
>
> 3. 没有大人物与小人物之分。

巧妙的比喻

　　我们不能像攒钱一样积攒自己的生命，当一个人企图做生命的守财奴时，通常会落得一个很惨的结局。如果智慧被隐藏起来不用，人就会变得愚蠢；如果意志被隐藏起来不用，人就会变得懦弱；如果情感被隐藏起来不用，人就会变得麻木……

　　想象一下，失去智慧、意志和情感的人会变成什么样子，请给出几个比喻。

 **答案**

> 可把生命比作"树桩""烂白菜""行尸走肉"等。

"移一移"的结果

很多情况下，把一件事情的属性移到另外一件事情上，就能使事物的功能更为丰富，也能给人们的生活提供方便，这就是"移一移"的方法。

1. 现有的东西，如果保持原有状态，能否扩充用途？

2. 将一个事物的属性移到另一个事物上，能否获得成功？

3. 有些事物属性改变了，使用空间也可以转移吗？

请举例说明。

 答案

1. 吹风机可以用来烘干被褥，可以发明"被褥烘干机"。

2. 大排档到了冬天就不方便了，可以研制一个能收起来的伞状"营业房"。

3. 在浴池泡澡的时候有些人喜欢看书，但是书经常被打湿。如果研制出来一种塑料书，人们就能在泡澡的时候尽情阅读了。

与众不同的图形

一个圆形，一个正方形，一个半圆形，请你从三个图形中找出与众不同的一个，并说明选它的理由。

 答案

都可以选。

1. 选择圆形，因为它是唯一全部由弧线构成的图形。

2. 选择正方形，因为它是唯一全部由直线构成的图形。

3. 选择半圆形，它是唯一由直线和圆弧构成的图形。

没有穷尽的切割

有一块正方形土地，可以用两条直线把它切割成大小、形状完

全一样的四块。你有多少种切法？

我们首先会想到"对角线切割"和"田"字形切割，当然不只这两种切割方法。只要以正方形的中心为旋转中心，旋转两条垂直的直线，无论停留在什么位置，都能把正方形分成相同的四块。

分辨液体

西西拿来两个杯子，分别向里面各倒入一种无色、无味、不能相互混合且密度不同的液体。他对楠楠说："这两个杯子中有一种液体是水，不能品尝，也不能用鼻子去闻，因为另一种液体有可能是有毒的化学试剂，请问你有什么办法把水辨别出来？"

楠楠被西西出的题目难住了，你来帮帮他吧。

向两个杯子里各滴入几滴水，看水滴能与哪个杯子里的上层液体相混合，能够混合在一起的就是水。

伽利略的故事

伽利略很喜欢去教堂，因为教堂里不仅有很多艺术品供人欣赏，而且安静的环境比较便于思考问题。有一次，伽利略在教堂里坐着，看见教堂里的灯被正在玩耍的小孩用棍子碰了一下，就来回摆动起来，摆了很久才停下来。于是，他找来一个东西，反复试验着。他发现，不管摆动幅度多大，最终停下来的时间都相同。受到启发以后，他就用一些弹簧、绳子、齿轮和铁片做了一个模型，并向朋友展示自己的杰作，你知道这是什么模型吗？它的作用原理又是怎样的呢？

答案

> 这个模型是钟摆的雏形。它的作用原理是：当振摆摆回来的时候，弹簧就会扣在第二个齿轮上，然后轮子又会把弹簧弹出去，弹簧会一个接一个扣在每一个齿轮上。就这样，轮子就会慢慢转动。因为振摆每次摆动的时间是一样的，所以轮子的转速也是均匀的，这样时钟就能走得很准。

"女"旁褒贬

　　相传，掌管造字的王志觉得天下很多事情都坏在女人身上，于是就将一些贬义词与女人联系在一起，如"嫉""奸""嬉""婢"等。后来，他结识了一个女才子，这位女才子知道王志造的这些字后非常生气，决定要为女人出口气。于是，她用"女"做偏旁，造出了一些褒义词，如"妙""媚""妍""好"等。

　　你能以"女"为偏旁，说出褒义和贬义的字各五个吗？

 答案

褒义：姝、娇、嫣、媛、婷；贬义：妄、娼、妓、妖、嫌。

特殊算式

请你先观察一下下面的算式，再回答问题。乍一看，这些算式都是错的，但在某种情况下它们却能解答某些现象。请你仔细想一想，在什么条件下，这些特殊算式才是成立的呢？

① 10+10=10

② 6+6=1

③ 4+4=1

④ 4−1=5

⑤ 7+7=2

⑥ 3+3=0.5

👉 **答案**

①一双手是 10 个手指，戴上 10 指手套，仍是 10 个手指。

②6 个月加 6 个月正好是 1 年。

③星期四再过 4 天，就是星期一了。

④4 角方桌锯下 1 个角，就成了 5 个角了。

⑤上午 7 点再过 7 个小时，就是下午 2 点了。

⑥ 3 个月加上 3 个月正好是半年。

巧驱毒虫

　　有位女士发现一只毒虫钻进了电视机后面的墙洞里。由于担心孩子的安全，她希望清除掉这一危险物。此时已经是深夜了，她没有可以杀死这只毒虫的药物，也讨厌杀任何活的东西，而且她又不希望拿东西砸进墙里而使房子遭到破坏。她有什么办法可以不杀毒虫又能把它弄出来？

 **答案**

　　可以利用屋里的灯光。拿一个玻璃杯子扣在洞口上，然后把一束光透过玻璃杯射进墙洞里。当毒虫从洞里爬出来，爬进玻璃杯里后，就用一张硬纸片把杯口盖住。

Part 13
联想能力训练思维游戏

"头脑风暴"实在是一个令人着迷的游戏，我们可以从水联想到杯子，再由杯子联想到陶瓷，由陶瓷联想到泥土，从泥土联想到树木，再从树木联想到光合作用，由光合作用联想到水蒸气。

　　怎么样，一件事物能够在想象中逐渐与其他事物产生着联系，并且在不断地联想中令事物回到最初的原点。是不是一件非常有意思的事情？

　　快来开动我们的头脑，将自己置身于联想力的巨大风暴之中吧！

积极的暗示

　　有个国王，做了一个很奇怪的梦，梦见山体滑坡、水枯和花落三种景象。国王为此很焦虑，不知道这梦到底寓意着什么，于是找来解梦的大臣。大臣听后，失色道："山指江山，水指百姓，山倒水枯意味着江山社稷不稳和民众离心，花落则说明好景不长。这可是凶兆。"听完解梦大臣的解释，国王因恐惧而病倒了。王后知道这件事情以后，也替国王解了梦，而王后的解释使国王顿时心情舒畅。

　　你知道王后是怎么解梦的吗？

　答案

> 　　王后说："山倒地平，是天下太平的意思；水落石出，是真龙现身的意思；花落秋来，说明硕果累累。这一切都说明大王就是能让国泰民安的真龙天子。"

纪晓岚题匾骂和

和珅和纪晓岚一向是死对头。有一次，和珅请纪晓岚为自己新建的庭院题匾，纪晓岚便写了"竹苞"两个苍劲的大字。和珅以为是"竹苞松茂"之意，于是很开心，连声道谢。有一天，乾隆去参观和珅的新庭院，看到"竹苞"二字之后不禁大笑起来，对和珅说出了这两个字的真正含义。和珅气得捶胸顿足，赶紧让人把匾取了下来。

你知道纪晓岚的"竹苞"的真正意思是什么吗？

 **答案**

> 纪晓岚实际上是骂和珅是草包，他用拆散字形结构的偏旁笔画方式写字，说的是"个个草包"。

城市谜语

下面的每个词语都代表着一个中国城市名，请你运用联想思维猜一下它们分别是哪些地方？

①空中码头。②银河渡口。③风平浪静。④金银铜铁。⑤日近黄昏。⑥烽火哨。⑦河湖解冻。⑧千里戈壁。⑨珍珠港。⑩久雨初晴。

 **答案**

①连云港。②天津。③宁波。④无锡。⑤洛阳。⑥烟台。⑦开封。⑧长沙。⑨蚌埠。⑩贵阳。

巧改对联气富绅

古代有一家欺行霸市的大户人家，父子俩为了炫耀自己名门大户的威望，豪掷千金各买了一个"进士"功名，婆媳俩也因此被封为"诰命夫人"。除夕之夜，富绅按捺不住得意的心情，命人在门上贴了这样一副对联：父进士，子进士，父子同进士；妻夫人，媳夫人，妻媳同夫人。乡亲们看不惯这户人家的飞扬跋扈，心里很是气愤，但嘴上也不敢说什么。有意思的是，第二天早上家丁开门时，再看对联脸都变白了，慌忙将老爷请了出来。富绅不知发生了什么事情，待定晴一看，竟气得当场晕了过去。原来，有人利用夜晚时间偷偷地在对联上加了几笔，对联的意思就变成了：父也亡，子也亡，父子同死亡；妻没了丈夫，媳没了丈夫，妻媳都没了丈夫。

发挥你的联想猜猜这副对联被改成了什么。

改后的对联是：父进土，子进土，父子同进土；妻失夫，媳失夫，妻媳同失夫。

牡丹画的寓意

有一位著名的国画大师，非常擅长画牡丹。有一天，一个富人

慕名去找他，看到画家的画后非常欣赏，于是花重金买下了一幅牡丹图。富人回去之后，很高兴地把画挂在客厅。有一位朋友看到了富人的画，说那幅画不吉利，他的解释是：因为牡丹花并没有画完，还缺少一部分。而牡丹是富贵的象征，画的寓意就成了"富贵不全"。富人的想法则刚好与那位朋友相反，你知道富翁是怎么想的吗?

 **答案**

> 富人说："牡丹象征富贵，缺了边，就是'富贵无边'的意思。"

箱子不见了

小明要跟着爸爸进城，到城里上学。出门之前他把自己的玩具全部装进一只箱子里，然后从家门口数了30步，挖了个坑，把箱子埋了下去。四年以后，小明又回到了自己的家。想到自己之前的玩具，就从门口数了30步，但是他怎么也找不到自己的箱子了。他站在那里想了一下，终于知道是什么原因了，于是换了个地方挖，一下子就挖出来了。

你知道这是为什么吗？

> 因为时间已经过去四年，小明已经长大了，四年前的30步与现在的30步并不是相等的距离。

未卜先知的"盲人"

有一个算命的盲人在集市上摆摊。有一天，一个富绅去算命，盲人让他报了生辰八字，然后又给富绅摸骨。一会儿，盲人突然脸色大变，压低嗓音对富绅说："太可怕了，我算到你会被人谋杀。会有一个穿风衣的男人，在你背后开枪，你这一劫是很难逃过的。"

富绅听了盲人的话，连钱都没有给，撒腿就跑了。第二天，富绅在街上被人从后面枪杀了。警方追捕到凶手时，凶手已坠楼身亡。他身上穿着风衣，手里拿着枪，情形跟盲人说的一模一样。

盲人为什么能算得如此准确？其中有什么缘由呢？

 答案

> 因为算命的人是装瞎，在给富绅摸骨的时候他已经看见有一个穿风衣的人在用枪瞄准富绅，于是提醒了富绅。富绅躲过了一时，但是，第二天他还是被枪杀了。

塑料管里的滚珠

一个周末，小明和爸爸一起做游戏。爸爸找来一个两端开口的塑料软管，然后在里面塞入 11 个大小相同的滚珠，滚珠的直径刚好可以塞进软管中，其中有 5 个滚珠是黑色的，其他 6 个滚珠是白色的。并且，它们的顺序从左到右是 3 个白滚珠、5 个黑滚珠，然后又是 3 个白滚珠。现在，爸爸让小明想法把黑滚珠先取出来，而且不能切断塑料软管，也不能让白滚珠先出来。

你知道该怎样取吗?

 答案

> 可以把塑料软管弯曲一下，把两个口对接在一起，然后把

一端的白滚珠挤到另一端，这样就能按要求把中间的黑滚珠取出来。

猜谜招亲

　　有个宰相，他的女儿到了婚嫁年龄，前来提亲的人络绎不绝。宰相觉得那些有钱人家的公子都是些花花公子，女儿无论如何是不能嫁给那些人的。有一次，宰相听说一个叫张义的人比较有才华，于是就派人把张义叫到自己府上，想考一考他。宰相说："我请教你一个字。一字九横六竖，问遍天下不知。有人去问孔子，孔子想了三天。"张义等宰相说完，马上说出了这个字。宰相很高兴，就把张义留在身边重用，又把女儿嫁给了他。你知道宰相说的是什么字吗？

 答案

　　谜底是"晶"字。

郑板桥的谜语

有一天，郑板桥路过一所学堂，听到里面传来嬉笑的声音。走过去一看，原来是一群调皮的学生不听老师讲课，正在打闹。郑板桥生气地说："你们太不像话了，赶快好好读书吧！"

有一个学生看郑板桥穿着布衣草鞋，以为他是个老农民，就傲慢地说："穷光蛋还来教训我们！我问你，你会写诗吗？"郑板桥说："我不光会写诗，还会出谜呢！"他看到学堂旁边是厨房，里面有一样东西，就当场吟了一首咏物诗："嘴尖肚大个不高，放在火上受煎熬。量小不能容万物，二三寸水起波涛。"学生们猜了半天，谁都猜不出来，只好老老实实地读书了。你知道郑板桥说的是什么东西吗？

 **答案**

答案为水壶。

刁难媳妇的婆婆

古时候，一个女子出嫁不久，准备回娘家办事，婆婆很不乐意，于是便为难媳妇，让她带一样东西回来。婆婆没有明说是什么东西，而是出了一个谜语："大圆球，满天红，里面住条小火虫，白天火虫睡大觉，晚上火虫闹天宫。"媳妇记下了，便在回娘家的路上琢磨婆婆的谜语。正在她愁眉苦脸思索的时候，看到一位老者，就上前请教，老者告诉了她谜底，并告诉她一个新的谜语。从娘家回去以后，她对婆婆说："您要的东西我带回来了，它是'打我我不恼，背后有人挑，心里似明镜，照亮路一条。'"婆婆一听，知道媳妇不仅猜出了谜底，还表示自己是通情达理的人，也就不再为难她了。

你知道婆婆要媳妇带什么回来吗？

 **答案**

婆婆要媳妇带灯笼回来。

杜牧微服私巡

　　唐朝诗人杜牧曾经担任州官。为了了解民情，他经常微服私访。有一次，他到了杏花村，听说村里有一位既聪明又漂亮的姑娘，就想去看看。他来到姑娘家的饭店坐下，那位姑娘走上前去招呼，说："先生这是第一次光临小店吧？请问尊姓大名？"杜牧并没有回答，只是吟了一副对联："半边林靠半坡地，一头牛同一卷文。"那位姑娘一听，马上行了个大礼，说："原来是州官大人，小女子有礼了。"杜牧很吃惊，没想这位姑娘反应这么快，这才相信姑娘的确聪明过人。

　　你知道杜牧对联的意思吗？

 **答案**

那副对联就是"杜牧"二字。

唐伯虎问路

有一次，唐伯虎去看望一个多年未见的朋友。他走到一个岔路口的时候，发现有左、中、右三条路，于是不知道该怎么走了。这时候，他看见前面走来一个小姑娘，他想去问路可又不好意思。见四周没人，他只好问那个小姑娘。小姑娘在地上写了个"句"字就走了。唐伯虎以为小姑娘是自己玩呢，但仔细一看，发现原来小姑娘已经回答了自己的问路。于是，他就按照小姑娘的指点走，很快找到了朋友的家。

你知道小姑娘给唐伯虎指的是哪一条路吗？

 **答案**

　　答案为左。因为"句"是方向的"向"少左边的一竖，所以向左走就对了。

夫妻巧对诗

有一对夫妻，精通古代文学，经常对诗，因此，他们的生活充满诗情画意。妻子每做一道菜，丈夫总能对出一句优美的诗。有一天，丈夫想给妻子出一个难题，他给了妻子几个鸡蛋，要她做一桌子菜，并且要求用这些菜吟一首古诗。妻子欣然答应了，很快就做了四道菜。第一道是两个馄饨蛋黄，上面几根青菜丝；第二道是把熟蛋白切成小块，排成一个队形，下面铺一张青菜叶子；第三道是清炒蛋白；第四道是一碗清汤，上面漂着半个蛋壳。妻子边上菜边吟诗，丈夫见了很是欣赏。

你知道四道菜分别表现的是哪四句诗吗？

答案

两只黄鹂鸣翠柳，一行白鹭上青天。窗含西岭千秋雪，门泊东吴万里船。

热情好客的冯梦龙

明朝著名戏曲家冯梦龙不但喜欢舞文弄墨，而且热情好客。某次，他一位姓李的朋友来拜会。冯梦龙设宴招待，命仆人张罗了一桌好酒好菜。

在后院准备用餐之际，冯梦龙看缺少一样用餐的重要工具，就对家里的书童说："你快去拿一件东西，送到后院来！"书童问："是什么东西呢？"冯梦龙脱口而出："有面无口，有脚无手，又好吃肉，又好吃酒。"书童愣在那儿，猜不出应该去拿什么。

请问你知道冯梦龙要书童拿什么吗？

答案

冯梦龙要的是酒桌。

Part 14

分析能力训练思维游戏

在细枝末节的碎片中找寻事件发生时的真相，面对纷乱复杂的信息却总是能过滤出自己想要得到的唯一答案。相信每一个充满求知欲的你，都想成为一个观察敏锐的小小神探吧！像大侦探福尔摩斯或者是柯南一样，从事件背后挖掘出不为人知的秘密。

　　这要求我们在面对事物的时候也要有足够的耐心和精力，能够不断挖掘并了解自己接触到的信息。就像我们要了解一片海洋之前，总是要时不时地舀出一勺海水来，不断地观察才能催生更深层次的了解。

　　想不想检测一下自己的分析能力怎么样呢？快用这一章节的题目来试一试吧！

不真不假的话

有一群驴友去登山。登到山顶后，有人提议玩游戏，每个人说一句不真不假的话。可是，许多驴友绞尽脑汁，都无法说出一句不真不假的话。于是，提议者急了，他对大家说："好了，现在我给大家施加点压力，如果你们还是说不出一句不真不假的话，我就要进行惩罚了。说真话者，罚款 20 元；说假话者，罚款 10 元。"

张恒是这群驴友中最聪明的，这时，他不慌不忙地说了一句话，替大家解了围。所以，再没有人因此受到惩罚了。那么，你知道他说的是什么话吗？

 答案

张恒说："我将被罚 10 元。"如果这句话是真话，那么张恒将被罚款 20 元，但他说自己要被罚 10 元，则这句话又不是真的；而如果这句话是假的，那么张恒将被罚款 10 元，但他又是在说一句真话。所以，他说的是一句不真不假的话。

绝迹的脚印

在海岸之上有一处悬崖峭壁，深冬之时，峭壁被皑皑白雪覆盖。奇怪的是，有一串脚印由远处的村庄一直来到悬崖边上，却没有后退的脚印，这样看来，这个人应该是跳崖自杀了。可经过调查了解，该村庄并没有人跳崖自杀。请仔细推理一下，这是怎么回事？

这是一个人为伪造的自杀现场。作案者制作了一副高跷，高跷的脚尖是朝后的。在大雪来临之前，他带着高跷来到悬崖上，雪停之后，他踩着高跷回到了村庄里。他正是利用了高跷留下的与常人行走方向相反的脚印迷惑了众人。

多余的钱哪儿去了

三个人到外地出差，在某旅馆共开了三间房，每间房 30 元，于是，他们一共花了 90 元。后来，老板觉得三间房只要 75 元就行了，于是，他叫服务员退 15 元给三位房客。谁知，这位服务员比较贪心，自己留了 6 元钱，只给每位房客退了 3 元钱。也就是说，最终每位房客各花了 27 元住宿，三个人总共花了 81 元，加上服务员私吞的 6 元，总共 87 元。可当初，他们三个人总共花了 90 元住宿，那另外的 3 元钱到哪儿去了？

 **答案**

不要被事物的表象迷惑，仔细分析一下，你会发现，题目中出现了偷梁换柱的问题。只要从输入和输出相等的基本点出发，问题就能迎刃而解。输入为：三个人的住宿花费是 27×3=81 元；输出为：老板所得 75 元加上服务员私吞 6 元，总共 81 元。两者相等，所以，没有错账问题。

胡夫金字塔的高度

　　埃及金字塔是古埃及法老和王后的陵墓，是世界八大奇迹之一。埃及金字塔中最高的是胡夫金字塔，它的神秘和壮观吸引着无数人驻足观望。胡夫金字塔边长 230.6 米，由 230 万块重达 2.5 吨的巨石堆砌而成，但塔身是斜的，一开始，金字塔的高度很难测量，直到后来，有一位数学家利用光线和投影的原理解决了这个难题，你知道他是怎么做的吗？

答案

　　数学家利用光线和投影的原理，找一个人站在金字塔旁边，当阳光照在这个人和金字塔上时就会投下阴影。当被测量者的影子和身高相等的时候，即光线斜射角度为 45 度时，测量出金字塔阴影的长度，即为金字塔的高度。

逃命的猴子

老猎人在森林中发现了一只猴子，他果断而熟练地架好猎枪，准备射击。与此同时，猴子也意识到了自身的危险，它准备放开此刻所攀爬的树枝，向下坠落，以求躲开子弹。假设老猎人扳动猎枪的时间和猴子坠落的时间相同，那么，不考虑空气阻力的话，猴子能成功逃脱猎人的枪口吗？

 答案

不可能。猴子的下落距离与子弹的下落距离（子弹轨迹在竖直方向的分量）是完全相同的。无论速度如何，猴子都将被猎枪击中。

速降滑雪赛

哈利和布罗迪一家每逢过年都会到西奥伦参加速降滑雪赛，今年的比赛哈利信心满满，因为他换了最新款的雪橇，速度比布罗迪的旧款雪橇要快 2.5 倍，在 1000 米的赛道上，哈利领先布罗迪 6 分钟取得了胜利。那么，根据这些信息，你能否判断出，他们各自用了多长时间跑完 1000 米？

 答案

由于比赛过程中哈利和布罗迪的速度之比为 2.5 : 1，所以他们跑完全程的时间之比为 1 : 2.5。假设哈利所用时间为 X，则布罗迪用时 2.5X，2.5X−X=6，解得 X=4 分钟。所以在 1 千米的赛道上，哈利用时 4 分钟，布罗迪用时 10 分钟。

接雨水问题

通常，干旱的地方比较少雨。俗语云：滴水贵如油。在干旱的地方，一旦有大的降雨，人们纷纷用自家大大小小的水桶接雨水用。如果说在没风的时候，倾盆大雨如柱落下，大约 20 分钟就可接满一小桶雨水，试问，在刮风的时候，雨水下落时偏斜 30 度，但雨的大小不变，那么，这时候，接满一桶水要多长时间呢?

A. 大于 20 分钟　　　B. 小于 20 分钟　　　C. 约 20 分钟

 答案

　　答案为 C，水量与水桶口的面积和雨的大小有关，和有无大风没有关系，所以，接满一桶水的时间还是 20 分钟。

船夫与商人

清朝时，有一位富甲一方的商人沈某，他经常外出做生意。某天晚上，他去找一位船夫租船，准备在第二天天不亮时就去进货。船很快租好了，按照约定，第二天，沈某就带着大包银两出发了。两个时辰后，沈某的妻子在家听到一阵急促的敲门声，并听人喊道："沈大嫂，沈大嫂，快开门！"沈某的妻子急忙开门，看到船夫焦急的神情，便问出了什么事。船夫说："大嫂，昨天沈老板不是说好天不亮就出发的吗？现在天都亮了，他怎么还没来呢？"

沈某的妻子感到有些蹊跷，她心想，丈夫明明一大早就出去的，不可能还没见到船夫吧。于是，他们俩便一块去河边寻找。结果，找了半天，仍没找到沈某。沈妻意识到丈夫可能失踪了，就到县衙去报案。县令听完沈妻的诉状，很快断定沈某是被船夫杀害了。

那么，县令是怎样做出这一判断的？

 **答案**

> 船夫若是以为沈某在家的话，一定会喊沈某的名字，而不是直接喊沈妻。他之所以这样喊，是他已经杀掉了沈某。

咖啡谋杀案

　　格兰特与狄德罗为一笔大生意闹得不太愉快，两人表面上和气如初，实际上却矛盾重重。一天晚上，格兰特邀请狄德罗到家中做客，格兰特事先煮好了咖啡，为了散热，他将咖啡壶上的盖子掀开。狄德罗来后，格兰特先为他倒了一杯咖啡，然后又给自己倒了一杯。狄德罗故作礼貌地将第一杯咖啡让给了格兰特，格兰特马上附和道："别那么客气，都是这么多年的老朋友了，我们一直是最佳的合作伙伴，就像鱼离不开水一样，我也离不开你，你可不要听信别人的话，对我有什么怀疑啊。"说着将咖啡一饮而尽。

　　狄德罗觉得不好意思，看着格兰特先喝了，于是自己也喝了起来。咖啡过半，格兰特又给狄德罗添了一些。但这次没喝多少，狄德罗便觉得腹痛难忍，最后毒发身亡了。你知道狄德罗是怎么死的吗？

 **答案**

　　格兰特早就对狄德罗起了歹意，他事先将毒药涂在壶盖上，第一次倒咖啡时，壶盖是掀开的，因此没毒，第二次倒咖啡时，

格兰特将壶盖盖上，于是整壶咖啡便沾染了毒药，狄德罗喝下后便会丧命。

被淹死的鸭子

马戏团的驯兽师把几只稀有品种的鸭子用船从美洲运往欧洲。船在大西洋航行了很长时间，有一天，驯兽师发现鸭子的羽毛变得黑乎乎的，已经粘到一起了，很脏。于是，他找来一个大桶，灌满水，让鸭子在里面洗澡。过了一个多小时，驯兽师再来看鸭子的时候，发现鸭子都沉到水底淹死。

鸭子是会游泳的，为什么会被淹死呢？

答案

鸭子的尾部有尾脂腺，能不断分泌出脂肪。鸭子游泳的时候会不断把尾部分泌的脂肪涂在羽毛上，这样一来，羽毛就会与水隔开。鸭子的鸭毛就不会打湿。驯兽师的鸭子已经很脏了，羽毛粘到了一起，说明羽毛已经不能与水隔开。因此，羽毛被打湿后，鸭子就会沉到水底。

燕燕的约会

  燕燕下午 5 点下班后在公交车站等车，她要去赴约。但是，20 分钟过去了，公交车迟迟不来，她开始有些着急。因为这是她和男朋友的第一次约会，约定的时间是傍晚 6 点钟，她不想迟到。为了做个守时的人，她决定步行走到约会地点。如果搭公交的话，她 15 分钟就可以到那，但是步行的话要 40 分钟。

  当她走完路程的一半时，后面有一辆公交车赶过来了。她马上搭公交车走完了剩下的路程，并且按时到达了约会地点。那么，与一开始就乘坐公交车相比，她现在浪费了多少时间？

 答案

  她一分钟时间都没浪费。许多人认为，她步行了一段时间，所以用的时间多了一些，但是，她步行的这段时间正好相当于等公交车的时间。所以，她并没有因步行而浪费一分钟时间。

折报纸

许多人认为，折报纸是一件极其简单的事情，那么请问，一张普通报纸可以对折 10 次以上吗？

 **答案**

不可以。一张报纸，无论薄厚，要想对折八九次几乎是不可能的。因为，纸张每对折一次，它的页数就会翻一倍，也就是说，它的厚度也会翻一倍。当一张报纸对折一次时，它变成了两页；对折两次，它变成了四页；对折三次就是八页。当它对折到第九次时，它的页数达到了 512 页，它的面积在变小，而它的厚度也已相当于 3 厘米。所以，再次对折是不可能的。

安全治疗

14 世纪时，欧洲爆发了一场恐怖至极的传染病——黑死病。黑死病是由鼠疫耶尔森菌引起的自然疫源性疾病，死亡率高，危害性极大。

在一个小城镇的医院里，一位黑死症病人刚刚被运送过来。3 位医生要轮流上阵为这位病人进行医治。然而，由于疾病的蔓延，消毒手套已是供不应求，而医院里可用的消毒手套也只剩下两副。但是，为了防止感染，不光病人和医生不能有直接或间接的接触，3 位医生之间也不能有接触。那么，怎样合理地使用这两副手套才能保证医生和病人都是安全的？

 答案

第一位医生在为病人进行医治时，需戴两副手套。使上面套的那副手套的外部接触病人。第二位医生戴第一位医生套在外面的那副手套，同样使这副手套的外部接触病人。第三位医生将第一位医生戴的里面的那副手套翻过来戴上，再将外面的那副手套套在外面，这样，和病人接触的那面仍是第一、二位

医生所戴手套的外部的一面。如此，则医生和病人、医生和医生之间便不会有直接或间接的接触。

取球游戏

某密封的纸箱中有 N 个乒乓球。游戏者从纸箱中取球，每次取出乒乓球个数的一半后，再放进去一个。如此反复 36 次后，纸箱中的乒乓球还剩 2 个。那么，开始的时候，纸箱中共有几个乒乓球？

 **答案**

2 个。取出一半和放进一个是一样的，所以，开始的总数为 2 个。无论怎么取，纸箱中的总数是不变的。

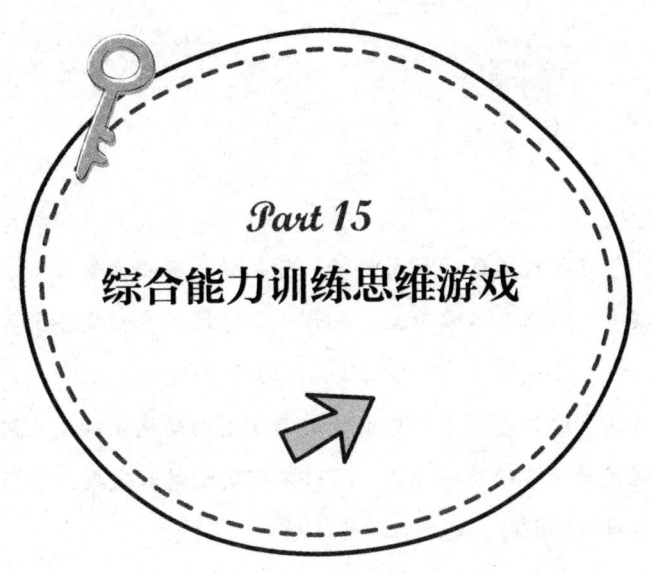

Part 15
综合能力训练思维游戏

相信在经过前面的训练之后，你们的各项能力都有了不小的进步和提升。那么在本章节里，就让我们通过一系列糅合了各种思维训练的要求的题目来考验并测试你们的能力吧！

在这个过程中，希望你们能够不断地调动就在不久之前还被很好地运用着的各项思维能力，通过不断的训练和发展，不断地翻越一道道问题的山岗，走上胜利的彼岸。

希望在经受了我们一系列的思维锻炼以及考验之后，能够帮助你们在未来成为更好的人，向着成为下一个更好的"爱因斯坦"而不断进步！

换还是不换

　　电视上我们经常会看到这样的抽奖场面：现场有 3 枚金蛋供你选择，你只能砸其中的一个。这 3 枚金蛋只有一个金蛋中的奖金为 2 万元，其他两个则分别只有 200 元。当你选择其中一枚金蛋时，主持人没有先砸你选中的金蛋，而是砸另外两枚金蛋中的一个。砸开之后，不是 2 万元。这时，主持人会再次让你做出一个选择，问你要不要重新换一枚金蛋来砸，这时你怎样选择才更容易中奖呢？

 **答案**

　　开始的时候你砸中金蛋的概率是 1/3，砸错的概率是 2/3。当另一枚金蛋被砸开，这时你再选择的概率就变了。

　　当主持人再次让你做出选择时，如果你继续坚持原来的选择，且 2 万元恰好在你选择的金蛋中时，你中奖的概率就是 $1/3 \times 1 = 1/3$。但如果 2 万元不在你选择的金蛋中，而是在剩下的那个金蛋中时，你中奖的概率便是 $2/3 \times 0 = 0$，那么，加起来，你中奖的概率就是 1/3。

　　这时，如果你改变主意，重新换了一枚金蛋时，如果 2 万元确实在你选择的那枚金蛋里，那么，改选另一枚金蛋的中奖概率是：1/3×0=0。但如果你原来猜错了，后来你改选的那枚金蛋刚好中奖了，这时的概率就是 2/3×1=2/3。那么，加起来，你中奖的概率就是 2/3。

所以说，在这种情况下，主持人让你考虑重新做出选择时，你改变原来做出的选择，中奖的概率就会翻一番。

猜数字

伯恩、仲轩、叔仁是数学老师的三个得意弟子，他们三人都相当聪明。某次，数学老师发给他们每人一个数字（除0以外的自然数），并告诉他们这 3 个数总和为 14。

伯恩看到自己手中的数字后，马上说道："我知道仲轩和叔仁的两个数一定不相等了。"

仲轩说："看来我们三个人的数字都不相等。"

叔仁想了一下，直接说道："你们不用猜了，我已经知道你们两人手中的数字了。"

他们手中的数到底各是多少呢？

 答案

由伯恩所说可知，伯恩的数一定为单数，因为只有这样才能确定仲轩和叔仁的和也为单数，因此不相等。

由仲轩所说可知，他手中的数一定是单数，且大于6，因为只有这样，他才能确信三个人的数字都不相等，且他的数大于伯恩。这样，叔仁手中的数就是双数。

由叔仁所说可知，他根据自己手中的数字得知伯恩和仲仁的数字之和，且知道两人的数字均为单数，且其中一个是大于6的单数，这个结果便是唯一的，只能是7+1=8。因为如果这两人之和大于8，就会有两种情况产生：比如9+1或3+7，这样，他就不能确定两人手中的数字了。因此，伯恩、仲轩、叔仁手中的数字分别是1、7、6。

辨别铅球

现有8个铅球，它们大小相同，但其中一个略微重一些。要想找出这个与众不同的铅球，可以通过——在天平上称量得到。但是，

要想通过最少的次数找到这个较重的铅球，你觉得应该是几次？

两次。将这8个铅球分成3个、3个、2个三组。

首先，分别在天平两端放入3个球，当天平平衡时，说明较重的那个铅球在剩余的2个铅球里面。然后，分别将剩余的2个球加在天平的两端上，此时，天平向哪端倾斜就说明后放入的那个球便是重球。

假如天平偏向一方，就将轻的那端上面的三个球拿下来，将重的那端上面的三个球取两个分别放在天平的两端。这时，如果天平保持平衡，那么剩余的球便是重球，如果天平偏向一端，重的那端便是重球。

微妙变化拯救工厂

有一家牙膏厂，生产的牙膏在市场上很受欢迎，已经连续十年实现销售额递增，并且每年的增长都在10%~20%。可是，到了第十一年，业绩却停滞了，接下来的几年也不见什么好转。于是，厂领导开始商讨对策。厂长许诺说："谁能把今年的销售额提升 10%，就给他十万元的奖励。"大家纷纷献上自己的意见，但是厂长都不满意。这时，一位年轻的技术员给厂长写了一张纸条，厂长看后立即给了年轻技术员一张十万元的支票。第二天，工厂按照年轻技术员的办法进行了改进。到了年终，工厂的销售额增长了 20%。

你知道年轻技术员在纸条上写的什么吗？

 **答案**

将牙膏管口直径扩大一毫米。因为消费者习惯挤出相同长度的牙膏，如果管口直径扩大一毫米，每天的消费量就会增加。

罐头里的蚂蚱

希尔是一位成功的商人。他的公司是做食品生意的，主要生产罐头。有一次，希尔率领他的团队去参加一个食品专家鉴定会，并亲手打开一罐自己公司生产的"青菜罐头"。但他打开罐头以后，发现青菜叶里卷着一只小蚂蚱。出现小蚂蚱肯定是工人不小心造成的，如果专家们看到这只蚂蚱，希尔的公司肯定声名狼藉。就在那个时

候，他脑中闪出很多应急的办法：解释蚂蚱出现的原因？说蚂蚱是一种特殊原料？说蚂蚱是一种营养添加物？为了考验专家的眼力？故意开个小玩笑？把蚂蚱搅到罐底？故意失手打碎罐头？……然而，一切都太冒险了。希尔最终采用了一个让旁人不知不觉的好办法。

你能猜到他是怎么做的吗？

> 希尔迅速拿着勺子，舀起卷着小蚂蚱的菜叶，放进自己嘴里，还幽默地说："这么美味的罐头，忍不住先尝一口。"

与骗子打赌

在一个非常热闹的集市上，一个骗子靠与别人打赌赢钱。按照规矩，一个人说一句话，如果对方不相信的话就要付给说话的人5元钱。在打赌的人中，很多人都是输钱的。这个时候，有个小孩走上前去。奇怪的是，他每次都对骗子说同一句话，骗子都会回答不相信，然后无奈地给小孩5元钱。

你知道小孩对骗子说的是什么话吗？

 **答案**

你欠我 10 元钱。骗子如果相信，就得还上 10 元钱，所以他只好说不相信，这样损失少一些。

王子求婚记

有一位王子，向邻国的公主求婚。邻国的公主既漂亮又聪明，她决定考考王子。她让仆人端上两个盆，其中一个装着 10 枚金币，另一个装着 10 枚同样大小的银币。仆人把王子的眼睛蒙上，并把两个盆随意调换位置，然后让王子自己拿出一枚硬币。公主告诉王子：如果他拿出的是金币，自己就答应嫁给他；如果他拿出的是银币，就不答应王子的求婚。王子说："能不能在蒙上我的眼睛之前，让我调换一下金银币的组合呢？"公主同意了。

王子应该怎样调换金银币的组合才更有把握娶到公主呢？

 **答案**

王子可以在装金币的盆里留 1 枚金币，把剩余的金币倒入

另外一个盆里，这样，盆里就有 10 枚银币和 9 枚金币，如果他选中的只是一个金币的盆，拿出金币的概率就是 100%；如果选中另一个盆，拿出金币的概率就是 9/19。他选中两个盆的概率都是 1/2，所以，拿出金币的概率是 100%×1/2+9/19×1/2=14/19。这样就远远大于未调换前的 1/2。

复印身份证

佩珊是某公司人事部的一名职员，在为 3 名新同事办理入职登记时，需要对 3 人的身份证正反面进行复印。复印机一次只允许复印两个身份证的正面或反面，请问佩珊最少需复印几次可将所有身份证复印完？

 **答案**

答案为 3 次。将 3 名新同事分别名为甲、乙、丙。第一次，用复印机复印甲身份证的正面和乙身份证的反面，第二次，复印甲身份证的反面和丙身份证的正面，第三次，复印乙身份证的正面和丙身份证的反面。复印 3 次可将所有身份证复印完。

倒入游泳池的冰块

一个人坐在一只救生圈上，浮在游泳池中。他右手拿着的杯子里有一块冰块。如果他把这冰块倒入游泳池中，水位将在什么时候上升？是在这冰块倒入水中的时候，还是在这冰块完全融化的时候？

 **答案**

水位保持不变。当冰块还在杯子里，与人和救生圈一起浮在水中的时候，它排开与它同重的水。当冰块掉入池中的时候，它还是浮着，仍然排开与它同重的水。当冰块融化成水，它排开了与它同体积的水。与它同体积的水当然与它同重，但由于这是由冰块融化而来的水，与它同体积的水也与冰块同重。

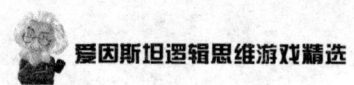

小二黑吹牛

小二黑喜欢吹牛，但他的逻辑能力不强，因此常常被人识破。某次，他和二嘎在村北边的大河渡口比游泳能力。二嘎是村里的游泳高手，能连续横渡大河两个来回。小二黑向二嘎发出挑战，张口说道："二嘎，你信吗？我上午一口气横渡了大河5次呢！"二嘎当然不信，顺势问道："游完你回家了？"小二黑说："是啊。"

二嘎冷笑两声，对小二黑说："就是编瞎话也不会编个好点的！"二嘎为什么一下子就识破了小二黑的谎言呢？

答案

游完5次后，小二黑应该在河的对岸，因此不能立即回家。

没有时间学习

航航非常聪明，但不喜欢学习，每次被妈妈催促学习时，航航总以没有时间学习为由拒绝，且列出了一张时间表证明给妈妈看。

1. 睡觉要花去的时间（每天 8 小时），总计 122 天。

2. 双休日要花去的时间，2×52=104 天。

3. 吃饭要花去的时间（每天 3 小时），总计 45 天。

4. 娱乐要花去的时间（每天玩 2 小时），总计 30 天。

5. 暑假和寒假 60 天。

共计：122+104+45+30+60=361 天。因此，航航对妈妈说自己一年中只有 4 天时间可以学习，而且还不包括生病的时间，那么，如果你是航航的妈妈，该如何反驳他呢？

 **答案**

航航把时间重复计算，比如，他将睡觉和吃饭的时间重复计入了双休日与暑假和寒假的时间，所以，他所计算出的时间是不合理的。

才艺大比拼

甲、乙、丙三人参加"才艺大比拼"活动。他们均参加了4项比赛；他们最终的累积得分相同，均为17分；每个人在各项比赛中所得分数各不相同。他们之间的分数关系满足下列条件。

1. 甲选手的两项比赛得分和乙选手的两项比赛得分相同。乙的另两项比赛得分和丙的其中两项比赛得分相同。

2. 甲和丙只有一项比赛得分相同。

3. 每人每项比赛的最高得分不超过7分。

那么，甲与丙得分相同的比赛各得多少分呢？

根据已知条件和③，我们可以对甲、乙、丙三人的所有可能得分情况做出推测，可能的情况如下。

1+3+6+7=17。

1+4+5+7=17。

2+3+5+7=17。

2+4+5+6=17。

再根据题中①、②两个条件可以看出，每个人四项比赛的得分只能是如下情形。

甲：1、3、6、7。

乙：2、3、5、7。

丙：2、4、5、6。

从上面可以看出，甲和丙的相同得分是6。

分放巧克力

小蕊和小琼是幼儿园的两位老师，他们在和小朋友们玩游戏。小蕊手中拿着30颗巧克力，桌子上放着红色和绿色两个包装盒。小蕊要将小琼的眼睛用黑布蒙上，然后小蕊往两个包装盒内分放巧克力。她往红色包装盒里每次放一颗，往绿色包装盒里每次放两颗。每放一次，旁边的小朋友们就会拍一次掌。小琼在小蕊放完巧克力之后根据拍掌次数来猜放在红色包装盒内的巧克力数量。如果猜对的话，巧克力就归小朋友们，如果猜错的话，巧克力就是小蕊的。小琼共听到了21次拍掌，她很快说出了放在红色包装盒内的巧克力数量。然后，小琼和小蕊将它们发放给了小朋友们。

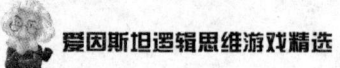

那么，你知道放在红色包装盒内的巧克力有多少颗吗？

答案

答案为 12 颗。因为拍掌的次数是 21 次，并将 30 颗巧克力全部放完，所以，这些巧克力不会全放在红色包装盒里，也不会全放在绿色包装盒里。因为每次放在红色包装盒内的巧克力要比绿色包装盒里少一颗，如果将巧克力全部放在绿色包装盒里则可放 42 颗，现在总共放入 30 颗，相比而言，少的那些巧克力是因为放入红色包装盒里了，所以：（42-30）/（2-1）=12，故有 12 颗放入了红色包装盒。

不一样的钟表

　　某钟表铺里挂着四种样式不一的钟表，这四种钟表的时间显示也不尽相同。第一种款式的钟表每小时慢一分钟，第二种款式的钟表每小时快一分钟，第三种款式的钟表的表针以正常速度逆时针旋转，第四种款式的钟表始终保持正确时间，且正常运行。现在是早上的 8:40，这四种钟表都同时显示着正确时间。那么，再过多长时

间，这四种钟表可以同时回到相同的时间？

**答案**

> 　　答案为 60 天后。第一种钟表每小时慢一分钟，那么一天会慢 24 分钟，10 天就是 240 分钟，四个小时，60 天之后，刚好慢了整整一天，即 24 小时。第二种钟表刚好相反，60 天后，刚好快了整整一天。第三种钟表每隔六个小时会与正常时间相重合。所以，这四种钟表会在 60 天后显示同一时间。

三位旅行家

　　三位旅行家到圣地亚哥旅行，他们点了一份鸡翅，并决定平分这些鸡翅。但服务员的上餐速度实在太慢，过度的疲惫使他们很快在等待中睡着了。第一个人醒来后，鸡翅已经上桌了，他吃掉了属于他的那份，然后继续睡觉。过了一会儿，第二个人醒来，他把认为属于他自己的那份吃掉了，然后也继续进入了梦乡。再过了一会儿，第三个人醒来，他也将属于自己的那份吃掉了，然后继续睡觉。

　　就这样，他们在餐厅待了一夜。第二天，服务员在收拾餐具时，发现桌子上还剩下 8 个鸡翅。那么，你知道桌子上原来有多少鸡翅吗？

 **答案**

　　此题经过分析，可采用逆向思维进行推理。根据桌上最后剩余的鸡翅为 8 个可知，这是第三位旅行家吃掉了属于他的 1/3 后剩余的 2/3 鸡翅。所以，他醒来时桌上的鸡翅数量为：8/（2/3）=12 个。同样的，这 12 个也是第二位旅行家醒来时吃掉鸡翅后剩余的 2/3，因此，第二位旅行家醒来时桌上的鸡翅数量为：12/（2/3）=18 个。这 18 个鸡翅又是第一位旅行家吃过后剩余的 2/3，因此，第一位旅行家醒来时桌上的鸡翅数量为：18/（2/3）=27 个。因此，他们一共点了 27 个鸡翅。